Albino Luciani

Vorbilder

Albino Luciani

Vorbilder

Menschen, von denen wir lernen können

Verlag Styria

Die Texte wurden aus dem Italienischen übersetzt
und für dieses Buch zusammengestellt von
Regina Kummer
und
Josef Helmut Machowetz.

Die Deutsche Bibliothek – CIP-Einheitsaufnahme

Johannes Paulus <Papa, I.>:
Vorbilder : Menschen, von denen wir lernen können /
Albino Luciani. Übers. aus dem Ital. von Regina Kummer und
Josef Helmut Machowetz. – Graz ; Wien ; Köln : Verl. Styria, 1998
ISBN 3-222-12579-1

Printed in Austria
Umschlaggestaltung: Zembsch'Werkstatt, München
Druck und Bindung: Wiener Verlag, Himberg
ISBN 3-222-12579-1

INHALT

Augustinus

Am 29. Dezember 1972 hielt Luciani als Patriarch von Venedig vor geistlichen Schwestern einen Vortrag über die Verbindung von aktivem und kontemplativem Leben. Als Beispiel wählte er den heiligen Augustinus.

Es gibt einen Heiligen, der in seinen Schriften und in seinem Leben aktives Tun und Kontemplation vorbildhaft miteinander verbunden hat: Augustinus. „Niemand" – schreibt er – „darf so kontemplativ sein, daß er in seiner Kontemplation auf die Bedürfnisse des Nächsten vergißt; und auch nicht so aktiv, daß er die Betrachtung Gottes vernachlässigt. Im kontemplativen Leben darf man nicht tote Ruhe suchen ... im aktiven Leben dürfen wir nicht nach Ehre oder Macht auf dieser Welt streben."

Der Modellfall für Aktion ist für ihn die biblische Martha, das Modell für Kontemplation Maria, die den besseren Teil erwählt hat. Die Aktion ist Lea, die Kontemplation ist Rahel: So wie Lea im Hinblick auf Rahel von Jakob geliebt wurde, so wird die Aktion im Hinblick auf die Kontemplation geliebt. Was Augustinus lehrte, das praktizierte er auch. „Niemand" – so schreibt er – „soll mich im Suchen nach der Ruhe des kontemplativen Lebens übertreffen. Nichts ist besser, nichts schöner, als in der Stille nach den göttlichen Schätzen Ausschau zu halten ... Predigen, widerlegen, verbessern, aufbauen, sich um jeden sorgen ist sehr lästig, kann eine große Last sein, bedeutet viel Arbeit. Wer möchte sich vor dieser Arbeit nicht drücken? Aber das Evangelium fordert Liebe und erschreckt jeden, der versucht, sich den Forderungen der Liebe zu entziehen."

Ihr alle kennt das Gespräch, das Augustinus mit seiner Mutter Monika am Strand von Ostia geführt hat. „Wir sprachen sehr liebevoll miteinander, dachten nicht an die Vergangenheit, sondern waren ganz der Zukunft zugewandt und fragten uns, wie wohl das ewige Leben aussehen würde." Und bei diesem Gespräch kommen Mutter und Sohn zunächst einmal zu dem Schluß, daß jede sinnliche Lust nichts ist im Vergleich zu jenem Leben, das uns erwartet. Daraufhin wenden sie sich mit noch größerer Liebe Gott zu. Dann dringt ihr innerer Blick immer tiefer in die Betrachtung und Bewunderung der Werke Gottes ein. Sie steigen immer höher und erfassen mit den Augen des Geistes jene Räume, wo die Weisheit selbst das Leben ist, die göttliche Weisheit, die allen Dingen das Sein gibt, in der es kein *Es war* und kein *Es wird sein* mehr gibt, sondern einzig und allein ein *Es ist,* denn die Weisheit ist ewig. Bei dieser Weisheit verweilen die beiden Heiligen, nach ihr sehnen sie sich, für einen kurzen Augenblick kosten sie von ihr in einem Aufschwung des Herzens, um dann wieder zurückzufallen und den Klang der eigenen Stimmen zu hören. Doch es bleibt in ihnen die Sehnsucht. Oh, wenn jene Augenblickserfahrung doch ewig dauern würde! Wenn dieser Augenblick den in Verzückung Geratenen doch mitreißen, völlig erfassen und umhüllen würde in der tiefsten Freude! Ist nicht das die Bedeutung des Wortes „Nimm teil an der Freude deines Herrn!" (Mt 25,21)?

Vergleicht nun mit dieser Kontemplationserfahrung das, was Possidius – ein Augenzeuge – in seiner *Vita des heiligen Augustinus* erzählt. Der Bischof von Hippo gibt stets am Morgen und am Nachmittag Audienzen in der Sakristei der Kathedrale, umgeben von seinen Schreibern. Alle Leute können sich um Hilfe an ihn wenden, und sehr viele nehmen die Gelegenheit wahr und ziehen ihn in allen möglichen Angelegenheiten, auch den kleinsten, zu Rate, sogar außerhalb der dafür vorgesehenen Zeiten: „Befreie mich von dem, der mich verleumdet!" – „Ich muß ins Gefängnis gehen!" – „Mein Sklave ist mir davongelaufen!" – „Mein Bruder hat mich ungerecht beschuldigt!" – „Mein Schwager will mir das Erbe streitig machen!" – „Meine Frau ist mit einem anderen Mann durchgegangen!" Oft handelt es sich bloß um ein Stück Vieh oder ein Fleckchen Land. Selbst die kaiserlichen Beamten werden bei ihm vorstellig. „Es ist beeindruckend" – schreibt Augustinus – „wie alle sich an mich wenden mit Anliegen aller Art; leider kann ich mich weder davonmachen, noch die Dinge auf sich beruhen lassen.“ Und es gibt nichts, das ihm glatt von der Hand ginge; selbst ihm gelingt es nicht, alle zufriedenzustellen. Hat er ein Urteil gefällt, so kommt es nicht selten vor, daß der unterlegene Teil ihn beschimpft. Wenn derjenige, der Recht bekommen hat, reich ist, dann heißt es: Der Bischof hat sicherlich Schmiergeld erhalten. Im gegenteiligen Fall aber sagt man: Der Bischof hat so entschieden, damit es aussieht, als stehe er auf der Seite der Armen! Alle diese Aktivitäten haben Augustinus als Richter im Auge. Aber es gibt auch noch den Augustinus der vielen Reisen und der Konzilien von Karthago, den Augustinus des umfangreichen Briefwechsels, des intensiven Studiums und des unermüdlichen Kampfes gegen die Donatisten und Pelagianer. In ihm sind Martha und Maria, Lea und Rahel wahrlich in einem Spannungsverhältnis und finden eine glückliche Synthese. Aus Liebe zur Wahrheit hat Augustinus das *otium sanctum* (die heilige Ruhe) der Kontemplation gesucht; die Notwendigkeit der Liebe ließ ihn das *negotium iustum* (die richtige Aufgabe) der Aktion bejahen.

Zu anderen Zeiten hätte ich mit meinem Vortrag hier Schluß machen können. Ich hätte gesagt: „Ehrwürdige Schwestern! Ihr habt alles gehört, macht es so wie Augustinus! Erstens: Betrachtet und betet wie er! Zweitens: Arbeitet wie er! Drittens: Findet so wie er eine schöne Synthese von Aktion und Kontemplation! Amen.“ Heute jedoch ist die Sache nicht so einfach. Wie Pfeile werden Einwände gegen jeden der drei genannten Punkte abgefeuert, und ich muß versuchen, sie unschädlich zu machen und zu widerlegen ...

Zur Kontemplation

Einige Theologen klagen Augustinus und die Kirche des Abweichlertums an. Mit seiner Vorliebe für die Kontemplation, so meinen sie, hätte er das Evangelium verraten, das den Primat der Liebe fordert, er hätte das Christentum hellenisiert, indem er es mit der heidnischen Philosophie infiziert habe. Aber das ist nicht wahr. Wahr ist, daß sich die Begriffe und die Theorie des kontemplativen Lebens in der griechischen Philosophie finden und nicht im Neuen Testament. Ja, sicher, Augustinus hat jene Begriffe von den Neuplatonikern übernommen. Doch während sich die Kontemplation der Philosophen auf die reine Schau der Wahrheit und eine sterile Freude daran beschränkt, ist die christliche Kontemplation des Augustinus die wahre biblische Erkenntnis Gottes, immer verbunden mit der Liebe zu Gott, die ihrerseits wieder von der Liebe zu den Brüdern nicht zu trennen ist. Wer christliche Kontemplation und Liebe in einen Gegensatz zueinander bringt, hat nicht begriffen, daß die Kontemplation eine weiterentwickelte Form der Liebe ist, mehr also als eine reine Schau. Der heilige Paulus sagt daher in seinem berühmten Hohenlied der Liebe, daß die Liebe nie vergeht, daß sie größer ist als der Glaube und die Hoffnung und daß sie einhergeht mit der Erkenntnis: „Dann werde ich (Gott) erkennen, so wie auch ich (von ihm) erkannt worden bin" (1 Kor 13,12). Augustinus betont, daß mit der Erkenntnis die Liebe, die Freude und eine Erfahrung des Göttlichen verbunden sind, die die Seele erschaudern lassen und sie oft zu Tränen rühren.

Zur Aktion

Die „tote Ruhe", wie der heilige Augustinus es nannte, ist auch heute eine Gefahr für jene Schwestern, die mit einem ausgeklügelten aszetischen Leben eine gewisse Appetitlosigkeit – ich möchte fast sagen: die Phobie einer schamhaften Mimose – gegenüber dem aktiven Leben verbinden. Solche Schwestern sind – so denke ich – selten, aber es ist nicht schlecht, daran zu erinnern, daß die Aktion, das Tun in der Heiligen Schrift sehr empfohlen wird. Die Arbeit an der eigenen Vervollkommnung, wie sie von Christus verlangt wird (Mt 5,48), erfordert viel Mühe und zähe Willenskraft; der Christ ist ein Treuhänder, dem eine bestimmte Summe anvertraut wurde, um sie gewinnbringend anzulegen (vgl. Mt 25,14–30). Auf diese Prinzipien bezieht sich der heilige Paulus, wenn er

Timotheus ermahnt, „den guten Kampf des Glaubens zu kämpfen“ (1 Tim 6,12) und „als guter Soldat Christi“ mit ihm zu leiden (2 Tim 2,3). Diese Aktivität muß auch die Bedürfnisse anderer im Auge haben: Wer in Gemeinschaft lebt, muß seinen Beitrag leisten zum Allgemeinwohl: „Wer nicht arbeiten will, soll auch nicht essen“ (2 Thess 3,10). In der Person des Bedürftigen, des Armen, zeigt sich der Herr selbst; die Verpflichtung zur Liebe und zum Dienst an Gott ist also gegenüber allen einzulösen (Mt 25,40–45). Wieviel Aktivität verlangt doch das Gebot: „Geht zu allen Völkern, und macht alle Menschen zu meinen Jüngern!“ (Mt 28,19) Und welch ein Vorsatz zu aktivem Tun steckt in dem Wort des Paulus: „Weh mir, wenn ich das Evangelium nicht verkünde!“ (1 Kor 9,16) Vor allem aber ragt das Beispiel Christi hervor. Wir kennen ihn, zutiefst versunken in die Betrachtung des Vaters, und doch – wie sehr hat er sich in die Arbeit gestürzt! Er lehrte das Volk überall – im Tempel, in den Synagogen, in den Häusern, in Dörfern und Städten, auf Bergesgipfeln, an Flußufern und Seegestaden – ohne je müde zu werden. Die Massen folgen ihm, sie bedrängen ihn, erdrücken ihn fast, von überallher bringt man Kranke zu ihm, manchmal hat er nicht einmal Zeit, eine kleine Mahlzeit einzunehmen (vgl. Mk 3,9; 3,20; 6,55–56). Jede Tageszeit ist ihm recht: Es ist früh am Morgen, und Jesus lädt Andreas und Johannes ein, zu ihm nach Hause zu kommen, wo er den ganzen Tag mit ihnen verbringt (Joh 1,38–39). Es ist tiefe Nacht, und Nikodemus kann ebenfalls mit ihm einen Dialog führen (Joh 3,1–21). Es ist Mittag, Jesus ist müde von der Reise, doch es ist ihm nicht zuviel, sich am Jakobsbrunnen mit der Samariterin zu unterhalten (Joh 4,6–42). Kurz und gut, ein verzehrender Eifer, eine Verfügbarkeit, was die eigene Zeit, die eigenen Kräfte betrifft, und eine Hingabe an die anderen, die keine Grenzen kennt ...

Die Heiligen haben es ihm gleichgetan. Die heilige Teresa von Avila war kontemplativ und eine solche Meisterin der Meditation, daß sich selbst Bischöfe wie der heilige Franz von Sales und der heilige Alfons von Liguori nicht gescheut haben, bei ihr in die Schule zu gehen und von ihr zu lernen. Und doch – welch wunderbare Aktivität hat sie in ihren letzten Lebensjahren entwickelt! Um neue Klöster zu gründen, reist sie auf beschwerlichen Wegen kreuz und quer durch ganz Spanien. Auf einem von Mauleseln gezogenen Karren sitzt sie, durch ein Tuch den Blicken entzogen, mit vier oder fünf anderen Nonnen, die so gewissermaßen einen „Wanderkarmel" bilden, und sie haben eine kleine Glocke bei sich, die ihnen die Stunden für das Gebet, die Mahlzeiten und die Erholung anzeigt. Doch immer wieder kommt es zu schwierigen Situationen: Ein kaputtes Rad, man muß es auswechseln, auch wenn die Sonne glühend vom Himmel brennt oder Regen und Wind über sie hinwegbrausen; manchmal muß man in einer einsamen und baufälligen Hütte Unterschlupf suchen. Teresa ist krank – und dennoch voller Geduld, energiegeladen, sie hat Humor und besitzt auch – warum nicht? – ein gehöriges Maß an Schläue, um sich aus all dem Schlamassel wieder zu befreien. Gebet, Visionen und Ekstasen hindern sie nicht daran, mit der halben Welt in brieflicher Verbindung zu stehen, Bücher zu schreiben und den anderen Mut zu machen.

Die heilige Franziska von Chantal, die ständig durch Frankreich, Savoyen und Piemont reist, gründet insgesamt 84 Klöster vom Orden der Heimsuchung Mariä (Salesianerinnen). Auch sie ist eine große Mystikerin, aber im Einvernehmen mit ihrem Seelenführer, dem heiligen Franz von Sales, will sie unbedingt tätig sein, Arme und Kranke besuchen. Der Erzbischof von Lyon widersetzt sich, die aktiven Schwestern müssen sich wieder in rein beschauliche Nonnen verwandeln, aber Chantal rächt sich auf ihre Weise und ermutigt den heiligen Vinzenz von Paul, die Vereinigung der Barmherzigen Schwestern zu gründen. Die heilige Francesca Saveria Cabrini, die von so schwacher Gesundheit ist, reist ganze vierundzwanzigmal zwischen Italien und Amerika hin und her, auf unbequemen Schiffen, die überfüllt sind mit italienischen Emigranten. Sie betet wie ein

Engel und ist dennoch aktiv wie eine Schwalbe, die besorgt um das Nest ihrer Jungen herumflattert. Diese Beispiele mögen für uns ein Ansporn sein: Solche Heilige, die wenig schlafen und viel arbeiten, verurteilen die Schwestern, die viel schlafen und wenig arbeiten, oder jene, die am Abend vor dem Fernsehapparat so hellwach sind, daß sie nicht einschlafen können, aber am nächsten Morgen zu schläfrig, um zu beten und zu arbeiten.
Dem Widerwillen gegen die Aktion steht der Aktivismus gegenüber, eine übertriebene Aktivität, ja die Karikatur der echten apostolischen Aktivität. Es kann vorkommen, daß eine Schwester so sehr in der Aktion aufgeht, daß sie dabei vergißt, daß allein der Herr das übernatürliche Leben in den Seelen bewirken kann. An die Stelle des verborgenen Wirkens Gottes setzt sie die eigene fieberhafte Tätigkeit und nimmt sich heraus zu sagen: „Mein lieber Herr und Gott, ich habe alles im Griff und für alles vorgesorgt, es genügt vollkommen, wenn du mir keinen Strich durch die Rechnung machst. Ich habe einen solchen Einfluß auf die Mädchen des Internats oder der Schule, daß du dich wahrlich glücklich schätzen kannst, eine Schwester wie mich auf diesem Posten zu haben! Was würdest du sonst tun?" In diesem leider nicht seltenen Fall ist nicht nur Eitelkeit im Spiel, sondern eine gefährliche und beklagenswerte Vergeßlichkeit, man vergißt nämlich, daß für alle guten Werke die Gnade notwendig ist, denn „ohne mich könnt ihr nichts tun" (Joh 15,5). In diesem Fall gibt es nur ein Rezept: seine Einstellung ändern, sich dafür entscheiden, Gott wieder völlig freie Hand zu lassen und – wie das Konzil sagt – „unter allen Umständen sich bemühen, das verborgene Leben mit Christus in Gott zu nähren".

Zur Harmonisierung von innerem und äußerem Leben

Eine Synthese zwischen Aktion und Kontemplation ist für alle Christen notwendig. Selbst die Eremiten – eine ganz spezielle Berufung, deren Lebensweise schon seit langem von der Kirche nicht mehr als normaler Weg zur Heiligkeit angesehen wird – sollen in ihr ganz dem Gebet geweihtes Leben die Sorge um das Apostolat mit hineinnehmen. Auch Charles de Foucauld wollte durch sein persönliches Einsiedlerleben in der Wüste nicht weniger als die Bekehrung des Islam erreichen.

Zu dieser Synthese kann man gelangen, indem man – getrennt oder zusammen – zwei Methoden anwendet:

1. das apostolische Tun selber in den Dienst der Selbstheiligung stellen;
2. den Gefahren der Aktion mit den Mitteln der Kontemplation begegnen und sie so neutralisieren.

Die erste Methode wird vom Konzil besonders den Priestern empfohlen: „Wenn sie die Rolle des Guten Hirten übernehmen, werden sie gerade in der Betätigung der Hirtenliebe das Band der priesterlichen Vollkommenheit finden“ (PO 14). „Es sollen ihnen die apostolischen Sorgen, Gefahren und Mühsale so wenig ein Hindernis sein, daß sie dadurch vielmehr zu höherer Heiligkeit emporsteigen, indem sie aus der Fülle der Kontemplation ihre Tätigkeit nähren und fördern“ (LG 41).

Die zweite Methode benützt die großen Mittel der Kontemplation (innere Sammlung, Schweigen, Gebet, Sichversenken in die Gegenwart Gottes, intimes Leben mit Gott), um die Seele vor den Gefahren der Lauheit, der Zerstreuung, der Ermüdung und Erschlaffung zu bewahren, die durch ein krankhaft aktives Leben hervorgerufen werden können. Das Konzil bemerkt, daß zur Erzielung der Einheit von innerem Leben und äußerer Tätigkeit „weder eine rein äußere Ordnung der Amtsgeschäfte noch die bloße Pflege der Frömmigkeitsübungen genügt“ (PO 14). Es bedarf vielmehr einer Aktivität der Seele, die ihre Neigungen beherrscht und sich bemüht, dahin zu gelangen, daß sie in allem nach dem Licht des Evangeliums und dem Beispiel Jesu Christi urteilt und sich danach richtet. Und zwar auf zweifache Weise: indem sie sich von allem abwendet, was dem übernatürlichen Leben schadet (*aversio a creaturis*), und sich auf Gott hin ausrichtet und sich mit ihm vereint (*conversio ad Deum*).

In der *Nachfolge Christi* heißt es: „Löse mich, Herr, von den üblen Leidenschaften, heile mein Herz von jeder falschen Liebe, so daß ich, innerlich heil und geläutert, fähig werde zu lieben, stark genug zu leiden, standhaft zu beharren“ (III,5,7).
Welche Methode und – eventuell – welche kontemplativen Mittel soll man nun bevorzugen, um die Synthese von Aktion und Kontemplation zu erreichen? Die Situationen sind sehr vielfältig: Da spielt die richtige Dosierung und Balance im Hinblick auf die Intentionen und den Geist der Ordensgründer und -gründerinnen ebenso eine Rolle wie die Persönlichkeit und Aufgabenstellung jeder einzelnen Schwester, auch die konkrete Situation, in der sie sich befindet, ihr Temperament und die Erziehung, die sie erhalten hat. Mehr oder weniger Zeit, die man für die Arbeit oder das Gebet aufwendet, für das Alleinsein oder die Pflege von Beziehungen; mehr oder weniger Kontakt zu Personen außerhalb des Klosters oder zu den Mitschwestern ... Wenn eine Schwester wirklich Christus gleichförmig werden will, dann wird ihr der Geist Christi nicht fehlen, um ihr beizustehen und ihr zu helfen, eine gute Wahl zu treffen. Natürlich sollen auch die Hilfestellungen von seiten der Ordensregel, der Vorgesetzten und der geistlichen Betreuer nicht übersehen werden.
In wenigen Tagen, am 2. Januar, begehen wir den hundertsten Geburtstag der heiligen Theresia vom Kinde Jesu. Zur Vorbereitung darauf ist in Frankreich ein umfangreiches Buch erschienen, das unter anderem 75 Briefe enthält, die von der Heiligen in den letzten Monaten ihres Lebens geschrieben wurden. Wenn man sie liest, sieht man, wie eine heiligmäßige Schwester leidet, liebt und stirbt, die voll Zuneigung ist gegenüber ihrer Familie und ihren Schwestern, die stets freundlich ist und auch in den heikelsten Situationen um eine schlagfertige Antwort nicht verlegen ist. Über ihre Erstkommunion hat sie geschrieben: „Vor langer Zeit haben sich Jesus und die arme kleine Theresia in die Augen geschaut, und sie haben sich sogleich verstanden ... An

diesem Tag aber war es nicht mehr nur ein Blick, sondern eine Vereinigung, sie waren nicht mehr zwei, Theresia war verschwunden, wie ein Wassertropfen im Ozean. Jesus allein blieb übrig, er war der Herr, der König."

Ich wünsche, daß es euch mit der Hilfe Gottes und ohne natürlich eure echte Personalität zu verlieren, gelingen möge, die Synthese von Aktion und Kontemplation auf dem „kleinen Weg" der kleinen heiligen Theresia zu verwirklichen.

Bonaventura

Am 22. September 1974 hielt Albino Luciani in Rom einen Vortrag beim Internationalen Kongreß anläßlich des 700. Todestages des heiligen Bonaventura, in dem er besonders herausstellte, was dieser Heilige den Christen des 20. Jahrhunderts zu sagen hat.

Der heilige Bonaventura verkörpert einen Typus der Heiligkeit, der den modernen Menschen, die vor allem menschliche Werte hochschätzen, sehr zusagt. Bei ihm harmonieren die physischen, intellektuellen und moralischen Eigenschaften so gut miteinander, daß seine Zeitgenossen sich sozusagen auf die Zehenspitzen stellten, um ihn bewundern zu können. Bei seinem Begräbnis – so heißt es – hätten viele geweint, denn „der Herr hatte ihm die Gnade verliehen, daß jeder, der ihn sah, ihn unverzüglich liebte“.

Wir wissen: Bonaventura hat manchmal sehr starre Positionen eingenommen und oft auch harte Worte gebraucht. Ihm war ja die Aufgabe übertragen, in einer äußerst schwierigen Situation führend und wegweisend tätig zu sein. Andererseits war er darauf bedacht, daß Milde und Nachsicht nicht mit Schwäche und einer Haltung verwechselt werden, die einfach alles durchgehen läßt: Milde walten zu lassen – so hat er geschrieben – bedeutet nicht, niemals in Zorn zu geraten, sondern zornig zu sein, wo und wann es nötig ist. Wer an leitender Stelle steht, muß gleichzeitig das Antlitz eines Menschen und eines Löwen besitzen, er muß Güte und Standfestigkeit miteinander vereinen.

Die Menschen von heute wollen die Probleme, die es ja tatsächlich gibt, die aber von manchen Extremisten noch zugespitzt und verschärft werden, mit Augenmaß und einer gewissen Großzügigkeit gelöst sehen. Viele wünschen sich zum Beispiel das Wiederaufblühen einer evangelischen Armut, welche die Glaubwürdigkeit der Kirche erhöhen würde. Aber wir können denen nicht zustimmen, die aus jedem Armen einen Heiligen und aus jedem Reichen einen Ausbeuter machen. Auch diejenigen gefallen uns nicht, die sich spöttisch über jeden Wunsch nach echter Reform äußern und jede praktische Realisierung zu verhindern trachten. Der heilige Bonaventura hat sich in einer Situation, die der unseren ganz ähnlich war, vorbildlich verhalten. Er war eben ein begnadeter Heiliger mit Augenmaß ...

Kennzeichnend für den modernen Menschen ist ein gewisser Optimismus, der die irdischen Wirklichkeiten vor allem deshalb schätzt und anerkennt, weil sie soviel Gutes und Schönes enthalten, und nicht nur, weil sie ein Mittel darstellen, um den Menschen wieder zu Gott zu führen. Bonaventura teilt diesen Optimismus teilweise, aber er setzt ihn ins rechte Lot, indem er drei Dinge bedenkt: die Hierarchie der Werte, die Grenzen der irdischen Güter und die Folgen der Erbsünde in uns Menschen. Die geschaffenen Dinge sind für Bonaventura sicherlich Stufen, die zu Gott führen. Der Mensch braucht die Dinge dieser Welt nicht grundsätzlich zu meiden; vielmehr soll er zusammen mit all diesen Dingen zu Gott unterwegs sein, ohne sich an die Dinge zu klammern, die ihn auf seinem Weg begleiten. „O meine Seele" – schreibt er –, „erkenne doch, daß dein Fassungsvermögen so groß ist, daß kein Geschöpf, sondern nur Gott dein Verlangen zu stillen vermag."

An erster Stelle unserer Wünsche muß also Gott stehen. Dann kommt die Seele mit ihren Fähigkeiten, und erst danach folgen die geschaffenen Dinge. Von ihnen – so die Mahnung Bonaventuras – soll man in kluger Weise Gebrauch machen. „Jede Schönheit der geschaffenen Dinge und jede Freude daran mag das Menschenherz in sich tragen, doch all das wird es nicht sättigen." Nicht nur deshalb, weil jedes Geschöpf schon rein ontologisch „defizient", mangelhaft ist, sondern weil der Mensch durch die Erbsünde gleichsam „blind und taub" geworden ist. Wie man sieht, ist die Theologie des heiligen Bonaventura eine Mischung aus einer „Theologie der irdischen Wirklichkeiten" mit einer „Theologie des Kreuzes". Eine solche Theologie kann unserer Welt, die vom Konsumdenken und dem Geist des Hedonismus geprägt ist und die vor dem Kreuz zurückschreckt, eigentlich nur guttun. Bonaventura war stets ein Mann der Mitte. Was das Ordensleben betrifft, geht er einen Weg zwischen Revolution und Tradition; was die Theologie angeht, hält er die Balance zwischen Mystik und Rationalität, zwischen Bibel und Philosophie und ist einer, der eine volksnahe Darstellungsweise mit wissenschaftlichem Anspruch verbindet. Im kirchlichen Leben tritt er für ein Miteinander von Aktion und Kontemplation ein, plädiert er für Aufgeschlossenheit gegenüber allem Neuen und für die Treue zum Überlieferten. In der Erziehung ist er sowohl für die alten, bewährten als auch für ganz neue Methoden, und für das Leben der Gesellschaft betont er die Notwendigkeit von Freiheit und Autorität. Ich komme aus Venedig, wo ich nur wenige Schritte vom Torre dell' Orologio (Uhrturm) entfernt wohne. An der Spitze dieses Turmes zeigen die beiden berühmten Mohren in vollkommener Gleichmäßigkeit die Stunden an, einmal der eine, dann wieder der andere, der eine von rechts, der andere von links. Diese beiden Mohren brachten mich spontan auf den Gedanken, daß auch der heilige Bonaventura seine Mittlerrolle im Uhrwerk der Geschichte auf diese Weise ausgeübt hat: Alles, was gut und richtig ist, aufnehmen, ob es nun von dieser oder von jener Seite kommt. Nur so kann man zum Fortschritt der einzelnen, der Gesellschaft und der Kirche beitragen.

Giovanni Bosco

Am 29. Januar 1978 hielt der Patriarch in der Kirche San Francesco di Paola in Venedig eine Predigt, in der er sich mit der Gestalt des heiligen Don Bosco, des berühmten Jugenderziehers, befaßte.

Don Bosco ist ein Heiliger, der unglaublich viele Dinge getan und der seine Zeit hundertprozentig genutzt hat. Er hat Missionen in fernen Ländern gegründet, außerdem zwei Kongregationen, die heute Zehntausende von Priestern und Ordensschwestern zählen; er war ein vielseitiger Schriftsteller, ein sehr aktiver Verleger, Berater von Fürsten und Ministern, ein treuer Diener der Päpste; ja, er hat sogar Wunder vollbracht und ist als Prophet aufgetreten! Was ihm aber auf der ganzen Welt besondere Bewunderung eingetragen hat, war seine Rolle als großer Jugenderzieher. Vierzig Jahre lang lebte er inmitten von Jugendlichen als ihr väterlicher Freund. Seine Erziehungsmethoden waren ein wahres Geschenk Gottes an die Kirche. Sie werden vor allem heute wieder hoch eingeschätzt, wo das Jugendproblem solche Sorgen bereitet. Ich erlaube mir, ein paar kurze Hinweise zu geben.

Von wem ließ sich Don Bosco als Erzieher vor allem inspirieren?

In erster Linie von Jesus Christus selbst, dem Meister und Herrn, der gesagt hat: „Lernt von mir, denn ich bin gütig und selbstlos" (Mt 11,29); von Christus, der die Worte des Propheten Jesaja auf sich bezogen hat: „Er wird nicht zanken und nicht schreien, und man wird seine Stimme nicht auf den Straßen hören. Das geknickte Rohr wird er nicht zerbrechen und den glimmenden Docht nicht auslöschen" (Mt 12,19–20).

Die zweite Leitfigur war für Don Bosco der heilige Franz von Sales, dessen Schriften er begierig las, dem er das erste Tagesheim (Oratorium) für Jugendliche weihte, von dem er den Namen für die von ihm gegründete Kongregation entlehnte, nach dessen Lebensmodell er sein eigenes Leben gestaltete. Franz von Sales hatte geschrieben:

„Legt Euch einen reichen Vorrat an Sanftmut und Güte an ... und verrichtet alle Eure kleinen und großen Werke so liebenswürdig wie möglich. Glaubt mir, Philothea, die Vorhaltungen eines Vaters, in Güte und Liebe vorgebracht, bewirken beim Jugendlichen viel mehr als Wutausbrüche und Zorn. So ist eben unser Herz“ (*Philothea* III,8). Und in einem Brief vom 16. Mai 1617 an einen Priester schreibt Don Bosco: „... Ich habe wirklich von Herzen gelacht, als ich las, daß man Euch berichtet hat, ich wäre furchtbar zornig gewesen ... Ich bin zwar ein schwacher Mensch und den Leidenschaften ausgeliefert, aber seit ich Priester bin, habe ich Gott sei Dank noch nie ein vom Zorn diktiertes Wort an meine Herde gerichtet ...“
Das dritte Vorbild war für Don Bosco seine eigene Mutter. „Mamma Margherita“ übte durch das Beispiel ihres Lebens einen entscheidenden Einfluß auf ihren Sohn aus. Sie konnte zwar weder lesen noch schreiben, aber sie hatte die gesamte christliche Lehre im Kopf und setzte sie täglich in die Praxis um. Sie war ruhig, gütig, voll Selbstbeherrschung und schlug nie ihre Kinder, ließ ihnen aber auch nicht alles durchgehen. Bei Kleinigkeiten drückte sie beide Augen zu, hielt sie aber stets offen und schritt ein, wenn sie gefährliche Tendenzen zu bemerken glaubte. Wohl drohte sie manchmal mit Strafen, aber schon bei den ersten Anzeichen von Einsicht und Reue lenkte sie gütig wieder ein.

Einmal hatte sie für alle Fälle eine Rute vorbereitet. Da leistete sich in ihrer Abwesenheit der kleine Giovanni tatsächlich einen Fehltritt. Als die Mutter nach Hause kam, ging er ihr ganz kleinlaut und schuldbewußt mit der Rute entgegen und gab sie ihr in der spontanen Bereitschaft, die verdiente Strafe auf sich zu nehmen. Die Mutter konnte ein Lächeln nicht unterdrücken und liebte ihren Sohn seither mehr als zuvor. Sie war es auch, die den Traum ihres kaum neunjährigen Kindes im richtigen Sinne, nämlich dem seiner zukünftigen Rolle als Erzieher, zu deuten verstand. „Mir träumte“ – berichtete der kleine Giovanni –, „als befände ich mich auf der Wiese hinter dem Haus inmitten von anderen Kindern, die sich ganz wild aufführten, fluchten, allen möglichen Unfug trieben und heulten wie die Wölfe. Zuerst versuchte ich sie durch gutes Zureden davon abzubringen, doch dann schlug ich mit den Fäusten drein. Da stoppte mich plötzlich eine wundersame Stimme: ‚Nein, nicht mit Schlägen, nur mit Güte und Liebe kannst du dir Freunde gewinnen.' Und plötzlich hatten sich die Wölfe in Lämmer verwandelt. Dieselbe Stimme sagte zum Schluß noch: ‚Nimm deinen Stab und führe sie auf die Weide!' Was soll dieser Traum bedeuten?" fragte der kleine Giovanni abschließend. „Vielleicht wirst du einmal Ziegen- oder Schafhirte", meinte sein Bruder Giuseppe. „Oder Räuberhauptmann", sagte spöttisch der andere Bruder Antonio. Die Großmutter äußerte mahnend, daß man auf solche Träume nichts geben solle. Die Mutter jedoch blickte ihren Sohn liebevoll an und dachte bei sich: „Wer weiß, ob der kleine Giovanni nicht eines Tages Priester wird."

Später dann, als Priester, der ständig scharenweise von Kindern und Jugendlichen umlagert war, wird sich Don Bosco an seinen damaligen Traum erinnern, aber auch an seine Mutter. Er wird sich daran erinnern, wie geduldig sie mit ihren Kindern war, wie gütig und doch wieder streng, und wie sie immer lächelte, auch wenn sie ihre mütterliche Autorität zur Geltung brachte.

Als Bischof Luciani im Januar 1965 einen Exerzitienkurs für Priester gab, in dem er das biblische Gleichnis vom barmherzigen Samariter als Leitlinie benutzte, kam er auch in recht humorvoller Weise auf das Thema des Umgangs mit den irdischen Dingen zu sprechen.

Don Bosco wurde einmal von einem hohen Staatsminister gefragt: Wie machen Sie es bloß, alle diese Projekte zu verwirklichen, die doch soviel Geld kosten? Ach, sagte er, Herr Minister, ich halte mich da an die Methode der Lokomotive. – Der Lokomotive? Das verstehe ich nicht. – So? Haben Sie noch nie eine Lokomotive gehört? Tsch ... tsch ... tsch ... immer wieder tsch ... Mit meinen Schulden schlage ich mich eben so durch. Das ist meine Spiritualität ...
Er war ein großer Heiliger, dieser Don Bosco, aber mit der Methode von Armut, Keuschheit und Gehorsam hätte er manche Dinge nie tun können.
Kardinal Cagliero, der sein Schüler war, berichtet: Don Bosco hatte so viel zu tun, daß sogar die Danksagung nach der heiligen Messe meist sehr kurz ausfiel, denn sofort stürzten sich seine Buben auf ihn, um bei ihm zu beichten, oder er mußte dringende Briefe schreiben. Die ganze Nacht war er oft auf den Beinen. Ein einziges Mal, sagt der Kardinal, habe ich gesehen, wie Don Bosco nach der Messe eine lange, eine sehr lange Danksagung gehalten hat. Er stand gar nicht mehr auf von seinem Gebetsschemel. Wir fragten uns: Was ist los? Doch dann haben wir kapiert. Draußen wartete einer, der ihm einen Kredit gegeben hatte, und Don Bosco wollte ihm keinesfalls unter die Augen treten: Nur deshalb betete er so lange.
Es ist eine Heiligkeit ganz eigener Art. Wir müssen heilig werden unter den Bedingungen, in die wir von Gott hineingestellt worden sind. Unsere Heiligkeit besteht also darin, daß wir von den geschaffenen Dingen einen guten Gebrauch machen: Die verschiedenen Unannehmlichkeiten, Belästigungen und Scherereien, der Umgang mit Geld, die Schulden – alles muß dazu herhalten; es gibt für uns keinen anderen Weg zur Heiligkeit.

Schwester Bertilla

Als Bischof von Vittorio Veneto behandelte Luciani in einer Predigt in der Kathedrale von Belluno am 3. Dezember 1961 das vorbildliche Leben von Schwester Bertilla, die sich ganz Gott und dem Dienst an den Kranken geweiht hatte. Papst Johannes XXIII. hat sie im Jahre 1961 heiliggesprochen.

Als ich noch hier im Seminar von Belluno unterrichtete, waren dort auch zwei Ordensschwestern, die einst zusammen mit Schwester Bertilla im Krankenhaus von Treviso gelebt und gearbeitet hatten. Eines Tages habe ich die beiden gefragt: „Ihr hattet das Glück, ihr nahe zu sein. Habt ihr eigentlich etwas davon gemerkt, daß sie eine Heilige war?“ – „Nein, nein“, antworteten sie, „sie war ein Arbeitstier, ja, ruhig und eifrig, aber daß man sie zur Ehre der Altäre erheben würde, das wäre uns nie in den Sinn gekommen. Wir hielten sie eher für ein armes Mädchen, ohne besondere Fähigkeiten, nicht übermäßig begabt. Wir machten uns über sie lustig und nannten sie ‚Schwester Nützlich‘, weil sie immer bereit war zu laufen, zu helfen, zu vertreten und einzuspringen. Für uns war sie eine fromme Mitschwester, die sich treu an die Ordensregel hielt wie viele andere auch – und damit Schluß, aus, basta.“

Sie ist also heilig geworden, ohne daß jemand in ihrer Umgebung etwas davon bemerkt hatte. Sie selber hatte es auch nicht gemerkt. Sie hatte Hunger und Durst nach der Heiligkeit; diesem Verlangen gab sie sich mit all ihren jungen Kräften hin, aber bis zuletzt glaubte sie, noch meilenweit davon entfernt zu sein. „Ich bin elend und armselig“, notierte sie kurz vor ihrem Tod, „unfähig, irgend etwas anderes zu vollbringen als Sünden.“ Und der Mutter Oberin schrieb sie: „Ich muß vor Scham rot werden, weil ich merke, daß ich mich nicht geändert habe. Ich bin abgelenkt bei den Frömmigkeitsübungen, oft fehlt es mir an innerer Ruhe ... ich bin mir selber wenig ähnlich.“

Und genau das ist für mich die schönste Seite an Schwester Bertilla: daß sie alles getan hat, um ja keine Aufmerk-

samkeit auf sich zu ziehen, und daß sie auf diese Weise heilig geworden ist.
„Machen wir es so, daß nur Jesus Zeuge unserer Handlungen ist und nicht die Menschen“, hat sie geschrieben. „Lieber will ich tausend Tode sterben, als auch nur einmal etwas zu machen, um gesehen zu werden.“ Leiden und sich abtöten, schrieb sie weiter, „aber ohne etwas nach außen dringen zu lassen, alles aus reiner Liebe zu Jesus“. Dieses System, diesen heiligen Trick nannte sie „dem ‚Weg der Karren‘ folgen“. Diesen Weg zu beschreiten bereitet keine Erbauung, niemand bewundert einen, niemand applaudiert. Bei diesem System wird das, was man heute „Personenkult“ nennt, vollständig zerschlagen, und es gibt Gott die Gelegenheit, einmal mehr seine bevorzugte Politik deutlich zu machen: die Hochmütigen zu erniedrigen und die Demütigen zu erhöhen. Der „Weg der Karren“ also.
Seinen Ausgangspunkt nimmt er in dem armseligen Haus des Bauern Boscardin in Brendola, wo die Heilige am 6. Oktober 1888 geboren wurde. Die Mutter ist tugendsam und fromm, der Vater hingegen aufbrausend und mißtrauisch, er ist dem Wein zugetan und mißhandelt seine Frau. Nicht selten ist sie gezwungen zu flüchten und sich in einem Heuschober zu verstecken. Einmal flieht sie sogar bis nach Vicenza und verbringt die Nacht unter den Laubengängen. Die Tochter, die der Mutter stets folgt und sie tröstet, wenn sie die Flucht ergreifen muß, liebt trotz allem auch ihren Vater. Aber es ist eine Liebe ohne die normalen Zärtlichkeiten. Mag sein, daß so das Leben eines Menschen beginnt, der später den „Weg der Karren“ einschlagen muß.
Bertilla geht zur Schule, sie ist fleißig und bemüht, aber nicht sehr erfolgreich, und als sie in der dritten Klasse ist, weigert sich die Lehrerin nicht selten, ihre Hausaufgaben durchzusehen und zu korrigieren. Nichtsdestoweniger bemüht sich die Kleine und liebt ihre Lehrerin trotzdem – sie muß sich daran gewöhnen: Ihr Weg ist eben ein „Weg der Karren“.

Mit fünfzehn ist sie ein voll entwickeltes Mädchen. Arbeitsam, wie sie ist, ernst, zurückhaltend und sanftmütig, macht sie auf sich aufmerksam. Ein junger Mann hält um ihre Hand an, aber er findet sie bereits vergeben: Seit zwei Jahren hat sie sich das Gelübde der Keuschheit auferlegt. Schon immer hat sie sich absichtlich bescheiden und ärmlich gekleidet – wie man sich auf dem „Weg der Karren" eben kleidet.

Sie will Ordensschwester werden! Aber der Pfarrer von Brendola sagt zu ihr: „Was willst du? Glaubst du denn, daß sie mit dir im Kloster etwas anfangen können?" Zum Glück besinnt er sich und ruft sie nochmals zu sich: „Vielleicht sollten wir es doch versuchen. Kann sein, daß sie auch für dich Verwendung haben, und wenn es nur zum Kartoffelschälen ist." Und wie es scheint, ist ihr auch im Kloster der „Weg der Karren" beschieden!

Ja, es war tatsächlich so. Und schon sehr bald wird sie sich darüber klar sein. Mit achtzehn Jahren hat Schwester Bertilla das erste Jahr des Noviziats vollendet. „Sie ist eine gute Seele, sie hat Herz und ist willensstark, geben wir sie doch zu den Kranken", sagt sich die Mutter Oberin und schickt sie ins Hospital nach Treviso. Doch die dortige Oberin kommt zu einem anderen Urteil, als sie sieht, wie schüchtern und verlegen sie ist: „Höchstens für die Küche zu gebrauchen!" Und die Novizin landet wie eine Küchenmagd zwischen Geschirr, Kübeln und Öfen. Doch wer den „Weg der Karren" gewählt hat, der schrickt vor so etwas nicht zurück.

In der Küche fühlt sie sich wie auf dem ersehntesten und privilegiertesten Posten. Unter ihren Händen strahlen die Töpfe und Pfannen, die Teller und Bestecke vor Sauberkeit – wie die Utensilien eines Labors, die der Kontrolle durch den berühmtesten aller Professoren harren. Und so ist es in der Tat: Auf dem „Weg der Karren" arbeitet man unter den unsichtbaren Augen des Professors der Professoren: Jesus.

Da geschieht das Unvorhergesehene: Bei den Diphtheriepatienten wird der Platz einer Schwester frei, und man weiß nicht, wie und mit wem man ihn besetzen soll. Schließlich schickt man Schwester Bertilla dorthin, die mittlerweile ihre Gelübde abgelegt hat. Sie gewöhnt sich schlagartig ein, denn sie hat eben das Zeug zur Krankenschwester. Die Kinder der Abteilung hängen an ihr wie an der eigenen Mutter, deren Eltern verehren sie, der Chefarzt und die Assistenten halten sie für unersetzlich. Das gleiche passiert in den anderen Abteilungen, in die sie versetzt wird: bei den chronisch Kranken, bei den „gefallenen" Mädchen, bei den Kriegsverletzten. Sie absolviert einen regulären Kurs als Krankenschwester, besteht das Examen, alles ist in bester Ordnung. Ist der „Weg der Karren" nun also zu Ende? Ist sie dabei, die Straße der Ehren und Würden einzuschlagen? Glücklicherweise nicht – daran denkt der Herr, daran denkt auch sie.

Gott liebt den „Weg der Karren". – „Das Tor, das zum Leben führt, ist eng", hat er gesagt, „und der Weg dahin ist schmal" (Mt 7,14). Und er hat auch gesagt, daß man das Gute tun soll, „ohne es den Menschen zur Schau zu stellen" (Mt 6,1). Man soll es für Gott tun, „der auch das Verborgene sieht" (Mt 6,4). Und so geschieht es durch Gottes Fügung, daß sich zu den glücklichen Abschnitten in Schwester Bertillas Leben auch noch Kreuze und Leiden gesellen. Mit zweiundzwanzig Jahren muß sie sich einer Operation unterziehen. Der Krankheitsherd jedoch erneuert sich und wächst und verursacht nicht geringe Beschwerden und Schmerzen. Sie leidet still und schweigt bis zur äußersten Grenze des Erträglichen. Die bei der letzten Operation entfernte Geschwulst wird vier Kilogramm wiegen und die Mutter Oberin sagen lassen: „Tochter, was haben Sie mir angetan? Immer haben Sie im Hospital gelebt und sie wußten, welche Krankheit Sie hatten. Warum haben Sie mir nichts davon gesagt?" Mit den körperlichen Schmerzen bemüht sich Schwester Bertilla auch die seelischen Leiden zu verbergen. Ein Vorsatz wiederholt sich ständig in ihrem Tagebuch: „Ihm (Jesus) gleich sein!" Und das soll heißen: gut sein, schweigsam und gelassen in jeglicher Anfechtung. So handelt sie. Als sie einmal von einem Kranken mit einem Ei beworfen wird, zieht sie sich nur rasch um, kehrt mit einer Tasse zurück und schlägt lächelnd vor: „Wenn das mit dem Ei nicht geht, so nehmen Sie doch diese Brühe!" Als sie von einer Vorgesetzten öffentlich als Saalverantwortliche abgesetzt wird, errötet sie schweigend und schreibt in ihr Tagebuch: „Heute, o Geliebter, will ich mit Eurer Gnade großherzig sein und alle Widerwärtigkeit ertragen, auch wenn ich es nicht verstehe." Einstecken, aber heiter, verzeihend und lächelnd. All das gehört zu diesem System, es ist die fröhliche und unglaubliche geistige Wesensart dessen, der das Abenteuer des „Weges der Karren" auf sich nimmt.

Aber wie hat sie das gemacht, ein derart schwieriges Spiel Jahr um Jahr durchzuhalten? Ganz offensichtlich hat ihr Gott geholfen. Gnadenreich hat er zeitlebens seine segenspendende Hand über sie gehalten. Man muß aber auch sagen, daß sich die Heilige unter diesem Schutz glücklich gefühlt und sich davor gehütet hat, sich dieser heiligen Hand zu entziehen.

So gestärkt, hat sie sich in all dieser Zeit dem Herzen, dem innersten Wesen des Christentums hingegeben: der Liebe zu Gott und zum Nächsten. Mit siebzehn erklärte sie: „Ich habe keine Angst vor einem leidvollen Leben, lieber Jesus, wenn mein Leiden nur für Euch geschieht!" In den neunzehn Lebensjahren, die ihr noch verblieben, sah sie ihre vornehmste und vorrangige Aufgabe darin, diesen Vorsatz in die Tat umzusetzen – koste es, was es wolle. Die „verrückte Schwester" nannte sie einer der leitenden Ärzte. Wegen der Zähigkeit und Beständigkeit ihrer Gottesliebe war sie allerdings eher wie ein Stück Stahl: „Ich will – Ich will um jeden Preis – Man muß – Mit Eurer Hilfe bin ich stark." Diese und andere solche Sätze finden sich in beeindruckender Weise wiederholt in ihren kurzen Schriften. Schwester Bertilla ist ein Mensch, der jahrelang Tag für Tag gesagt hat: „Ich will den Herrn lieben, ich will ihn so sehr lieben! Ich will, ich will!" Deshalb ist sie am Ziel angekommen.

In Gott und mit Gott hat sie ihren Nächsten geliebt. Sie pflegte die Kranken nicht nur, sondern sie litt mit ihnen und opferte ihnen gerne Entbehrungen und Zeit. „Sie kümmern sich viel zuviel um die Kranken“, sagte einmal jemand zu ihr. „Wollen Sie denn auch noch sterben?“ fragte sie eine Oberin, als sie sie wegen der Kranken in Tränen aufgelöst sah.
Als die spanische Grippe in Viggiù grassierte, ging der Heizkessel kaputt. Während der Nacht baute Schwester Bertilla einen improvisierten Ofen aus Steinen in die Mitte des Hofes und verharrte stundenlang in der Kälte, um für die Wärmflaschen ihrer Patienten zu sorgen. Kurz vor ihrem Tod sagte sie zu Bischof Longhin: „Ich bin froh, Exzellenz, aber wissen Sie, mir tut der arme Professor leid!“ Es hätte nicht viel gefehlt und sie hätte sich bei dem Arzt dafür entschuldigt, daß sie ihm nicht die Genugtuung verschaffen konnte, gesund zu werden! Auch hier stand sie treu zu dem, worüber sie meditiert und zu dem sie sich fest entschlossen hatte: „Gott aller Ruhm, alle Freude dem Nächsten, mir alles Leid.“
Um so überzeugend zu dieser wunderbaren Synthese des Christentums zu gelangen, waren ihr zwei Dinge in besonderer Weise hilfreich: der Katechismus sowie die Ordensregel der Schwestern der heiligen Dorothea.
Als sie starb, fand man in der Tasche ihres armseligen und abgetragenen Gewandes ein Bändchen mit dem Katechismus. Nie wollte sie sich von ihm trennen. Auch als sie 1917 mit den Kranken in die Lombardei evakuiert worden war, hatte sie darum gebeten, eine einzige Sache mitnehmen zu dürfen: eben jenen Katechismus! „Um unsere Seelen müssen wir uns am meisten kümmern“, sagt der Katechismus. „Nur wenn wir die Seele retten, werden wir in Ewigkeit glücklich werden.“ – „Jesus Christus wollte arm sein, um uns zu lehren, demütig zu sein und das Glück nicht in den Reichtümern, den Ehren, den Freuden dieser Welt zu sehen.“ Vergleicht das Leben von Schwester Bertilla mit diesen Sätzen des Katechismus – es ist seine lebendige Übersetzung.

Die Botschaft von Schwester Bertilla kann etwa so aussehen: „Werdet heilig! Nutzt die kleinen Dinge im Leben, macht euch die Pflichten des Alltags zunutze, um eine neue Leiter emporzusteigen! Verrichtet die gewöhnlichen Dinge auf nicht gewöhnliche Weise! Folgt dem ‚Weg der Karren'! Alles andere kommt von allein!"

Andrew Carnegie

Dieser schottische Auswanderer, der klein angefangen hat und dann zu einem der größten Industriellen Amerikas aufgestiegen ist, hat es Luciani sichtlich angetan, denn er kommt immer wieder auf ihn zu sprechen. So auch in einer Predigt, die er im Jahre 1977 in Pompei gehalten hat.

Als Kind habe ich eine Abhandlung über das Leben von Andrew Carnegie gelesen, einem Schotten, der mit seinen Eltern nach Amerika ausgewandert war und im Laufe der Zeit zu einem der reichsten Männer der Welt geworden ist. Er war nicht katholisch, aber mich hat außerordentlich beeindruckt, daß er immer wieder auf die wahren und reinen Freuden seines Lebens zurückkam. „Ich bin in Armut aufgewachsen", sagte er, „aber die Erinnerungen an meine Kindheit würde ich um nichts in der Welt gegen die der Millionärssöhne eintauschen. Was wissen die von den Freuden einer Familie, von der lieblichen Gestalt einer Mutter, die in sich die Aufgaben einer Kinderfrau und Wäscherin, einer Köchin und Lehrerin, eines Engels und einer Heiligen vereint?"

Als junger Mensch hat er sich seinen Lebensunterhalt in einer Spinnerei in Pittsburgh verdient mit elenden 56 Lire Gehalt im Monat. Eines Abends, anstatt ihm sein Geld sofort auszuzahlen, bat ihn der Chef, noch ein wenig zu warten. Carnegie zitterte: „Jetzt werden sie mich wohl entlassen!" Statt dessen aber sagte der Mann zu ihm: „Andrew, ich habe deine Arbeit aufmerksam verfolgt und bin zu dem Schluß gekommen, daß sie mehr wert ist als die der anderen. Ich erhöhe dein Gehalt auf 67 Lire." Carnegie eilte nach Hause, wo seine Mutter vor Freude über die Beförderung ihres Sohnes in Tränen ausbrach. „Redet mir nicht von Millionären", sagte Carnegie viele Jahre später, „alle meine Millionen zusammengenommen haben mir keine solche Freude bereitet wie jene 11 Lire Gehaltserhöhung."

Viele Freuden ähneln der von Carnegie. Wenn man eine erfolgreiche Entwicklung und glückhafte Entfaltung der eigenen Fähigkeiten an sich feststellen kann: wie der

Bergsteiger, der nach einem beschwerlichen Aufstieg den Gipfel erreicht; wie das Ehepaar Curie, das durch seine Intelligenz und nach vielen praktischen Versuchen das Radium entdeckt hat; wie Christoph Kolumbus und seine Begleiter, die nach so vielen Entbehrungen endlich das neue Land erblickten; wie der Jugendliche nach einem bestandenen Examen; wie die Mutter, die endlich ein eigenes Heim hat ...

Alle diese gesunden Freuden werden den Christen ans Herz gelegt, sie sollen nach ihnen suchen, sie pflegen und sie gegen die Versuchungen der Traurigkeit, der Niedergeschlagenheit und des Sich-gehen-Lassens schützen und bewahren. Sie sollen danach trachten, sich in eine beständige Fröhlichkeit zu kleiden, keine „mondsüchtige" Heiterkeit, also keine, die von unberechenbaren Sprüngen und „Mondphasen" abhängig ist. Die Heiterkeit ist ein Wert in sich und kann eine große Hilfe im Leben sein. „Düstere Mienen sind nicht passend für das fröhliche Haus des Paradieses", sagte der heilige Philipp Neri.

Charles de Foucauld

Als Lehrer und Vizerektor des Priesterseminars von Belluno gab Luciani eine Zeitschrift heraus, in der er es sich in seinen Beiträgen zur besonderen Aufgabe machte, die Öffentlichkeit für die Schönheit der göttlichen Berufung zu sensibilisieren.

Im Beichtstuhl des Abbé Huvelin in Paris, Oktober 1887. Ein junger Mann erscheint, er kniet nicht nieder, sondern verbeugt sich nur und sagt: „Abbé, ich bin ohne Glauben, ich komme, damit Ihr mich unterweist." Der Abbé schaut ihn an: „Kniet Euch hin und beichtet – dann werdet Ihr glauben." – „Aber deswegen bin ich nicht gekommen." – „Auf die Knie!" Die Stimme des Abbé ist freundlich, aber fest. Der junge Mann fühlt, daß Sich-Demütigen für ihn ein Mittel ist, den Glauben wiederzufinden. Er kniet nieder und legt seine Lebensbeichte ab. Als er sich zum Gehen anschickt, ruft ihn der Abbé zurück: „Seid Ihr noch nüchtern?" – „Ja." – „Dann geht auch zur Kommunion!"

Und so geschah es, daß der Graf de Foucauld nach dreizehn Jahren der Ungläubigkeit zum Glauben zurückfand und sich auf den Weg zum Priestertum machte.

Wer hätte jemals gedacht, daß der Herr in die Tiefen dieser Seele den Samen einer kirchlichen Berufung gelegt hatte? Reich, aber elternlos, bei einem Großvater, dessen einziges Bestreben es war, ihn in allem zufriedenzustellen, wuchs Charles de Foucauld ohne Kontrolle auf. Im Alter von vierzehn Jahren, dem Alter der erwachenden Leidenschaften, das so entscheidend für den weiteren Lebensweg ist, stand es ihm frei, sich in Berge von Literatur zu stürzen, und er verlor den Glauben. Als er die höhere Schule verließ, trug er außer der Begeisterung für seine Literatur nur zwei Dinge in seinem Herzen: eine große Liebe für die griechischen und römischen Klassiker und den Willen, seine Jugend und seinen Reichtum zu genießen.

Zu wenig, um mit siebzehn Jahren das Leben in Angriff zu nehmen! Zu wenig aber auch, um den Anforderungen

der Militärakademie von Saint-Cyr gerecht zu werden, in die er sich eingeschrieben hatte.
Hochintelligent, wie er war, gab er inmitten seiner Kameraden, von denen einige berühmt werden sollten, wie Petain, Laperrine und andere, die Figur eines verweichlichten Taugenichts ab. „Intelligent, aber nachlässig", so bezeugen es die Akten, „wenig Sinn für das Militärische; vornehm, aber leichtsinnig; er denkt an nichts anderes als an sein Vergnügen." Und in der Tat, er führte ein schönes Leben. Im Februar hatte er noch immer nicht seine Schulbücher aufgeschnitten.
Er entfernt sich eigenmächtig vom Kolleg. Seine Kleidung ist erlesen, er raucht nur Zigaretten gehobener Marken, wie ein Lord wirft er mit Trinkgeldern um sich, er spielt um hohe Summen. Der Familienrat legt ihm nahe, seine Ausgaben besser zu kontrollieren. Auch als er mit seinem Regiment nach Algerien entsandt wird, ändert sich sein Verhalten nicht. Schon kurz nach der Landung schließt ihn eine persönliche Anordnung des Kriegsministers aus dem Offiziersstab aus. Begründung: Undiszipliniertheit und schlechtes Benehmen!
Alles andere als eine kirchliche Berufung!
Aber dann: Der Marabu Bou-Amanà predigt den Heiligen Krieg gegen die Franzosen, und halb Algerien erhebt sich. Das Regiment von Foucauld gehört zu den ersten, die dem Aufstand entgegentreten. Er ist zum Nichtstun verurteilt, während sich seine Kameraden schlagen und Ruhm erringen! Das kann er nicht ertragen, und zum erstenmal in seinem Leben gibt er klein bei und bittet, wieder in den Militärdienst aufgenommen zu werden – unter welcher Bedingung auch immer! Er wird wieder in seinen Rang eingesetzt, und nun sieht man einen völlig neuen, ungeahnten Foucauld: furchtlos und kaltblütig, ein Idol seiner Soldaten, zu zahlreichen Opfern bereit, mit einem Lächeln auf den Lippen und mit dem Herzen in der Hand. Das kriegerische Umfeld hat ihn aufgerüttelt und seiner reichen und großherzigen Natur zum Durchbruch verholfen.

Das war der erste Ruderschlag, mit dem Gott diese Seele zum Priesteramt führte.
Der zweite folgt auf dem Fuße. Die arabische Welt, mit der ihn der Krieg Bekanntschaft machen ließ, interessiert ihn brennend. Wer weiß, welche Geheimnisse, welche Schönheiten sie in sich birgt? Vor allem Marokko hat es ihm angetan, die damals noch unerforschten, unendlichen Ebenen. Er fühlt die Berufung zum Forschungsreisenden in sich.
Keinen Augenblick zögert er: Er nimmt seinen Abschied als Offizier, schließt sich in Bibliotheken ein, wo er ganze Tage damit verbringt, Arabisch zu lernen und Pläne zu schmieden. Nachdem er alles vorbereitet hat, bricht er auf – mit einem Diener und zwei Maultieren. Er ist wie ein marokkanischer Jude gekleidet, schläft meist unter freiem Himmel, zieht von Stamm zu Stamm, schließt Bekanntschaft mit den Anführern, beobachtet alles genau und macht sich Notizen. Vor keiner Gefahr schreckt er zurück, keine Schwierigkeit kann ihn aufhalten.
Nach elf Monaten ist er zurück in Algier, veröffentlicht den Bericht über seine Reise, seine geographischen, militärischen und politischen Beobachtungen, und versetzt damit ganz Frankreich in Staunen und Bewunderung.
Während sein Name noch in aller Munde ist, kommt er nach Paris. Aber hier erwartet ihn der Herr. Allein auf sich gestellt in den Wüsten Marokkos hat er über die Religion nachgedacht. Jetzt fühlt er eine Unruhe in sich, er beneidet die Menschen, die glauben können. Er möchte, er sucht den Glauben – und er findet ihn zu Füßen des Priesters wieder.
Nach wenigen Jahren ist auch er Priester, und als solcher kehrt er nach Marokko zurück, um dort Missionar und Märtyrer zu werden, wo er einst als Forscher umhergezogen war.
Ich habe zwei Bilder von Charles de Foucauld vor Augen: den Offizier von Saint-Cyr und den Missionar. Das Gesicht des Offiziers ist fast nichtssagend: rund, fett, ausdruckslos. Die tief in den Augenhöhlen vergrabenen Augen erschei-

nen kleiner wegen des Fetts, das sie umgibt; die wenig ausgeprägten, trägen Lippen sind Lippen, die genießen, die wenig sagen und nichts Handfestes von sich geben. – Die Gesichtszüge des Missionars offenbaren Entschiedenheit und Tatkraft. Das Lächeln bezeugt seine Liebe zu Gott, die Augen leuchten. Der heilige Franz von Assisi und der heilige Ignatius fallen einem ein.

Wie ist es möglich, daß zwei so unterschiedliche Bilder zu ein und derselben Person gehören?

So: Die Gnade der Berufung hat diesen Menschen verändert. Sie hat ein Siegel auf sein Gesicht gedrückt, sie hat ihm die Bedeutung eines Banners verliehen, die Kraft eines Liedes!

Wie viele Jugendliche würden zu einem Banner und zu einem Lied der Kirche Gottes werden, wenn sie die Stimme des Herrn, der sie ruft, nicht ungehört verhallen ließen!

Christophorus und Simeon

In einem Brief zur Fastenzeit 1974 schreibt der damalige Patriarch von Venedig an seine Gläubigen:

Zum Vater zurückkehren" bedeutet, den Weg einzuschlagen, der zum Vater führt. „Ein schmaler Weg", hat Christus gesagt (Mt 7,14), ein Weg, der Verzicht und Opfer verlangt. Man geht ihn, wenn man auf seinen Schultern das Kreuz der Arbeit, des Studiums, der Eintönigkeit des täglichen Lebens und zu bestimmten Zeiten das der Krankheit, des Unverstandenseins, der Sorgen mit sich trägt. Auf diesem Weg ist nicht derjenige der bessere Champion, der mehr an Last mit sich herumschleppt, sondern der, der sie gerne und mit einem Lächeln trägt.

Der heilige Christophorus der Legende trug Jesus auf seinen Schultern, aber er trug sehr schwer daran und konnte es kaum erwarten, die Last am anderen Ufer des Flusses ablegen zu können. Der heilige Simeon der Bibel fühlte sich leicht wie eine Feder, als er Jesus in den Armen hielt, und er wiegte ihn voller Liebe.

Unsere Fastenzeit müßte eine solche nach Art des heiligen Simeon sein. Aber es stimmt schon, auch eine Fastenzeit à la Christophorus ist gut. Wie auch immer, der Weg wird zusammen mit Christus gegangen, unsere Hand in seiner Hand.

Gasparo Contarini

In der Dezembernummer 1942 der Zeitschrift „Amici del Seminario Gregoriano" wehrt sich Luciani gegen den Vorwurf, immer nur adelige bzw. ausländische „Vorbilder" hervorzuheben, und stellt einen engeren Landsmann, der später Bischof von Belluno wurde, in den Mittelpunkt seiner Überlegungen.

Ich habe geglaubt, daß die kleinen Artikelchen in dieser Rubrik in den Augen der Kritiker Gnade finden würden. Doch dem war nicht so. Zuerst haben sie zu mir gesagt: „Ach, jene deine ‚großen Berufungen' spürst du wohl mit der Laterne auf, nicht wahr? Das sind ja lauter hochrangige Leute. Scheinbar können nur Grafen und feine Herren zum Priestertum gelangen."

Sofort denke ich daraufhin an die Berufungen der vielen kleinen Leute, unter Hunderten greife ich die des Pfarrers Kneipp heraus, der wohl einer der Ärmsten war, und weise auf seine unglaubliche Odyssee der Not und des Elends hin. „Jetzt werden sie wohl zufrieden sein", bilde ich mir ein.

Aber wo! Vielmehr halten sie mir vor: „Hast du denn Angst, auf unsere eigenen Leute zurückzugreifen? Immer nur Deutsche, Franzosen, Spanier, aber nie Italiener ..."

Nun gut – diesmal bleibe ich nicht nur innerhalb der Grenzen Italiens, sondern sogar unserer Diözese. Ich befasse mich mit der Berufung des wohl größten unter den Bischöfen von Belluno: Gasparo Contarini.

Es war eine ganz einzigartige Berufung. Kardinalswürde, Priestertum, Bischofsamt kamen ganz unvorhergesehen auf ihn zu, ohne daß er selbst je daran gedacht hätte.

Es war am Sonntag, dem 15. Mai 1535, gegen Abend. In Venedig war man gerade dabei, wichtige Staatsangelegenheiten zu regeln und neue Abgeordnete zu wählen. Der Große Ratssaal wimmelte nur so von hochrangigen Herren aus allen Bereichen: Richter, Inspektoren, Senatoren, Advokaten, Zollbeamte ...

Ausgerechnet dem Jüngsten unter den Abgeordneten war das Amt anvertraut worden, über die Wahlurne zu wa-

chen. Es war Gasparo Contarini, der ernst und schweigsam neben der Urne stand und wartete. In wenigen Minuten sollte die Wahlprozedur losgehen.
Da erscheint plötzlich im Vorraum des Saales ein außerordentlicher Kurier aus Rom und wünscht mit dem für die Wahlurne verantwortlichen Mandatar zu sprechen.
„Unmöglich“ – sagen die Saalwächter –, „weder könnt Ihr den Saal betreten, noch kann er ihn in diesem Moment verlassen. Wartet bis zum Ende der Sitzung!“
Doch der Kurier läßt nicht locker. Er besteht darauf, den Sekretär Ramusio herauszurufen, der aber nur das bestätigt, was die Saalwächter bereits gesagt haben: Eintritt unmöglich!
„Dann, mein Herr, beauftrage ich Sie, an Contarini jene Botschaft zu übergeben, die ich mitgebracht habe.“
Er zieht ein Päckchen hervor und übergibt es dem Sekretär mit einigen vertraulichen Worten, die er ihm zuflüstert.
Ramusio kehrt sofort wieder in den Saal zurück. Mit ernster Miene nähert er sich Contarini, der immer noch auf seinem Posten steht, und sagt zu ihm: „Herr Gasparo, ich muß Ihnen eine große Neuigkeit berichten: Ihr seid vom Papst zum Kardinal ernannt worden!“
Contarini ist perplex und stumm vor Staunen, doch schließlich antwortet er: „Was heißt Kardinal! Ich bin Abgeordneter Venedigs.“
Die Nachricht macht rasch die Runde; die Kollegen versammeln sich um ihn, um ihm zu gratulieren. Er bedankt sich, und stotternd beteuert er, daß er gänzlich unwürdig sei, daß er nie im Leben an das Kardinalat gedacht hätte und es daher ablehnen werde.
„Seht Euch gut vor“ – sagt Matteo Dandolo zu ihm –, „der Papst weiß ganz genau, was er tut. Ihr würdet Euch dem Willen Gottes widersetzen.“
In einiger Entfernung aber brummt Alvise Mocenigo verärgert vor sich hin: „Diese Priester! Sie haben uns den besten Mann der Republik weggenommen!“
Mocenigo sagte die Wahrheit: Venedig besaß zu jener Zeit keine bedeutendere Persönlichkeit als Contarini. Schon in

sehr jungen Jahren in den Staatsdienst eingetreten, Botschafter bei Kaiser Karl V., dann bei Papst Clemens VII. in einer sehr schwierigen Zeit, war er in ganz Europa als Mann mit scharfem Verstand und großer Klugheit bekannt. Viele sahen in ihm den zukünftigen Dogen.
Bekannt war auch seine glänzende humanistische, philosophische und theologische Bildung; als Verfasser von hochgeschätzten theologisch-patristischen Werken stand er mit den bedeutendsten Männern der damaligen Zeit in Verbindung.
Vor allem aber stach er durch seine Güte und Anständigkeit hervor. Er war ein Verfechter notwendiger Reformen in einer dekadenten Kirche und wollte selbst durch sein verantwortungsbewußtes und strenges Leben mit gutem Beispiel vorangehen.
Bei diesen Voraussetzungen machte die Kardinalswürde seinen Namen zu einer Fahne, die aufgezogen wurde und denen voranflatterte, die darum kämpfen wollten, die Kirche vor den schweren Gefahren zu bewahren, die sie bedrohten. Kein Wunder also, daß der Papst an ihn gedacht hatte.
Das Schöne ist, daß ein solcher Mann uns geschenkt worden ist, als ihm der Papst 1536 den Bischofssitz von Belluno anvertraute. Nur zögernd nahm er dieses Amt an. Er war nur kurze Zeit bei uns, weil der Papst ihn zurückholte, um ihn als Gesandten nach Deutschland und später nach Bologna zu schicken, wo er 1542 starb.
Mit Belluno war er sehr verbunden und hegte große Sympathie für die Stadt. Aus Rom schrieb er gleich nach seiner Rückkehr im Jahre 1538: „Wir danken Euch allen für die so große Liebe, die Ihr uns entgegengebracht habt ... ja, wir lieben Euch alle wie eigene Kinder, und es vergeht kein Tag, ohne daß wir an Euch denken. Wenn wir zu Gott beten, gilt Euch unser erster Gedanke."
Im Bischofspalais hatte er uns sein Bildnis hinterlassen, ein Werk von Tizian. Aber leider, es ist seit hundert Jahren verschwunden! Wir waren ihm ein kleines Gedenken in diesem Jahr seines hundertsten Todestages schuldig.

Don Quichotte und Sancho Pansa

In der Zeitung „L'Amico del popolo", dem auflagenstärksten Blatt der Region von Belluno, veröffentlichte Luciani im Dezember 1943 einen Brief an die Jugendlichen, in dem er ihnen anhand der beiden Romanfiguren von Cervantes einige Aspekte christlichen Lebens zu verdeutlichen versucht.

Seht ihr die beiden auf den Straßen der Mancha, von Aragon, der Estremadura, in den Schluchten und Wäldern der Sierra Nevada? Herr und Diener, Ritter und Knappe; immer zusammen – aber wie verschieden sie sind!

Wenn der eine die Fastenzeit ist, ist der andere der Karneval. Der eine ist das Ideal, die Poesie, der Geist, der andere ist die fette Realität, die Prosa, die Materie.

Don Quichotte zu Pferd, Sancho auf dem Esel.

Don Quichotte hochgewachsen, mager, ein Knochengestell, das sich nur wie durch ein Wunder aufrecht hält. Sancho klein und dick, mit großen Fettpolstern überall an seinem Leib.

Don Quichotte immer mit eingelegter Lanze, Tag und Nacht eingeschnürt, weil er seinen Harnisch nicht eine Minute ablegt. Sancho, der seinen Umhang abnimmt und im Wams hemdsärmelig hinter seinem Herrn einhertrottet, nach Luft schnappend und sich den Schweiß von der Stirne wischend.

Don Quichotte, den danach verlangt, sich durch Fasten und Entbehrungen abzuhärten – und Sancho, der heimlich Tränen vergießt wegen der Hühnchen, die ihm aus dem Kochtopf entgegenlachen, die er aber nicht verspeisen darf.

Don Quichotte unerschrocken, Sancho ein Angsthase. Don Quichotte sieht sich in seinen Träumen als Anführer, dazu ausersehen, Schmähungen zu rächen, Ungerechtigkeiten aus der Welt zu schaffen, Unrecht wiedergutzumachen ... und er treibt in seiner Phantasie sein Pferd, seinen eigenen Körper an gegen Löwen, Riesen, gegen ganze Armeen. Sancho hat keine Träume, er treibt nichts an ... o doch, ja, er treibt den Esel an, um sich schon bei dem kleinsten Anzeichen eines Kampfes hinter ihm zu verstecken.

Ich habe so gelacht, als ich als Junge den Don Quichotte gelesen habe. Heute lache ich weniger. Ich habe erkannt, daß das Gespann Don Quichotte/Sancho Pansa nicht nur auf den Straßen Spaniens umherzieht, sondern daß es in jedem von uns sein Unwesen treibt. Es entspringt nicht nur der Phantasie eines großen Schriftstellers; es ist die lebendige Realität der Seelen, vor allem der jugendlichen Seelen. Das klingt dann so:

„Jetzt lege ich Flügel an", sagt der Jugendliche, „ich will hoch hinaus und die Luft des Edlen und Heiligen atmen" (das ist Don Quichotte, der Gesang des Ideals). „Was soll's, Flügel", antwortet Sancho, „Pfoten reichen auch. Man muß nicht fliegen, es genügt zu schleichen. Man kann mit vier Pfoten ganz gut auf dem Boden leben."

„Ich werde ein Mann sein, ein ‚echter' Mann, der seinen Leidenschaften Zügel anlegt und sie beherrscht." – „Und was ist, wenn du dich statt dessen von ihnen beherrschen lassen würdest? Das ist doch so bequem, so angenehm!"

„Ich werde ein Apostel sein! Ich werde die besten Energien meiner Jugend in die Hände nehmen und mit ihnen den Armen und Unwissenden helfen. Die Opfer sind mir egal: Hauptsache, ich komme auf geradem Weg zu Christus, zu den Menschen!" – „Du armes Elend! Während alle anderen dem Becher der Freuden nachlaufen, während sie trinken und sich berauschen ... Schau! Mach's wie sie!"

„Punktum, ich will aufsteigen ..." – „Und ich sage dir, es ist besser, hinabzusteigen ..."

Der Konflikt zwischen Don Quichotte und Sancho Pansa bei Cervantes sprüht vor Humor. Der Konflikt Quichotte–Sancho in uns ist eher zum Weinen. Dort Komödie – hier Tragödie!

Fühlen, wie einem gleichsam Flügel wachsen, sich auf den Weg machen – und dann von jemandem auf der Erde zurückgehalten werden, der jeden unserer Schritte ständig blockiert ...

Der heilige Paulus wußte das. Als auch er von diesem

Gegensatz gequält wurde, rief er aus: „Ich unglücklicher Mann!“ Aber wißt ihr, was Paulus gemacht hat? Er hat seinen Sancho genommen (er sagte allerdings nicht „meinen Sancho“, sondern „meinen alten Menschen“, „meinen Leib des Todes, der Sünde“ ... das ist dasselbe), er hat ihn genommen, hat ihn geknebelt und mit Stockhieben zum Schweigen gebracht. „Ich kasteie meinen Körper ...“ So hat er seinen Geist befreit, so hat er sich dem Apostolat hingeben können, und so hat er Gutes in der Welt vollbracht.
Jungen und Mädchen! Ein paar Hiebe für Sancho, ein wenig Strenge gegenüber der Begierlichkeit! Wenn nicht, dann werdet ihr niemals hoch hinaus kommen. Ihr werdet immer zu den Zögernden, den Mittelmäßigen, den Ängstlichen gehören, und am Ende werdet ihr nichts Großes zustande bringen!

Franz von Assisi

Zum 750. Todestag des heiligen Franz von Assisi im Jahre 1976 schrieb der Patriarch Luciani einen Beitrag in der Zeitschrift „Gente Veneta“.

Die Zeit, in der der heilige Franz von Assisi lebte, wurde als „das Zeitalter der Kathedralen und der Kreuzzüge“ bezeichnet. Eine glanzvolle Epoche auf den ersten Blick; doch hinter der Fassade – was für schmerzliche Ereignisse und Situationen! Die Päpste folgen aufeinander in kürzesten Abständen; die Kaiser führen einen ständigen Kampf gegen das Papsttum. Die Horden des Dschingis Khan dringen von Asien her vor und lassen ganz Europa erzittern. Saladin entreißt den Christen Jerusalem. Bischöfe, die sich damals leider auch in politischen Machtpositionen befinden, sind vom bürgerlichen Lebensstil angekränkelt und stellen sich sogar gegen den Papst, auch wenn sie andererseits mit großem Eifer dafür sorgen, daß großartige Kathedralen entstehen. Vielfältige Irrtümer gefährden die Reinheit des Glaubens. Die Albigenser beispielsweise verbreiten äußerst gefährliche religiöse und soziale Theorien und konstituieren sich zu einer besonderen Kirche mit eigenen Bischöfen, wodurch sie die katholische Seite zu einer übertriebenen Reaktion und Repression herausfordern.

In dieses Bild fügt sich Franziskus mit seinem Leben und seiner Botschaft. Ein flammender Protest gegen eine solchermaßen irregeleitete Gesellschaft und Kirche? Ja, aber Franziskus ist ein Mann, der in erster Linie einmal bei sich selbst beginnt und nicht bei den anderen.

Mag man ringsum auch Kriege führen, für Franziskus lautet die Devise immer nur: „Frieden und Eintracht“. Den Seinen gibt er die Vorschrift: „Wer auch immer zu den Minderbrüdern kommt, ob Freund oder Feind, Dieb oder Räuber, er soll in Güte aufgenommen werden.“ So heißt es in der Ersten Regel.

Mag man ringsum auch von Machtrausch besessen sein, er verläßt alles um des Reiches Gottes willen und verfügt,

daß die Seinen sich „Minderbrüder“ nennen und sich als solche auch fühlen sollen.
Die Häretiker bringen neuartiges Schrifttum unters Volk, er hingegen empfiehlt nur immer wieder das ganze, unverfälschte Evangelium ohne jegliche Zutat.
Da gibt es die weltliche Macht der Päpste; er tastet sie nicht an. Es gibt viele lasterhafte kirchliche Würdenträger; er klagt nicht über ihre Fehler. Vielmehr sieht er in den Bischöfen und Priestern trotz allem, auch wenn sie Sünder sind, den Sohn Gottes. Er nennt die römische Kirche „unsere Mutter“ und bestimmt, daß seine Brüder, vor allem aber die Oberen, „dem Herrn Papst und der römischen Kirche Ehrfurcht und Gehorsam versprechen“ sollen.
Das Volk verlangt nach einem echten christlichen Leben. Aber ein heiligmäßiges Leben kann man nur führen in der Nachfolge Jesu, sagt Franziskus, wenn man sich bemüht, sich selbst zu einem Ebenbild unseres Herrn und Meisters zu machen. Das ist die Botschaft des heiligen Franz von Assisi für seine damalige Zeit.
Sie hat aber auch für die unsere noch ihre Gültigkeit. Auch heute hat ja die Menschheit das Gefühl, am Rande eines Abgrunds zu stehen. Die Kirche steht vor der Tatsache eines immer mehr um sich greifenden Atheismus und zahlreicher Irrtümer, sie sieht sich mit unklugen und waghalsigen Experimenten konfrontiert sowie mit der ständigen Berufung auf das Charisma, das jeder glaubt in Anspruch nehmen zu können, das man jedoch dem Papst und den Bischöfen nicht zubilligen will.
Viele fragen sich: Woher soll denn in dieser Situation die Rettung kommen? Der heilige Franziskus gibt die Antwort: „Von den Heiligen: von den Christen, die meinem Beispiel folgen und sich bemühen, dem Leben Christi nachzueifern, indem sie die Gottes- und Nächstenliebe praktizieren und demütig im Geiste der Armut leben.“
Kaum zu glauben, aber selbst Lenin hat einmal gesagt: „Um Rußland zu retten, würde man zehn Franz von Assisi brauchen.“ Wenn es wieder mehr Heilige gibt, kann die ganze Welt gerettet werden.

In einem seiner Exerzitienvorträge, die er vom 10. bis 15. Januar 1965 in der kleinen Stadt Possagno in der Provinz Treviso gehalten hat, weist er die Priester besonders auch auf die notwendige Tugend der Klugheit hin. Und in diesem Zusammenhang stellt er ihnen den heiligen Franziskus als Vorbild vor Augen.

In Montecasale gab es ein Franziskanerkloster. Einmal kamen, wie die „Fioretti" berichten, drei berüchtigte Räuber, die in der ganzen Gegend gefürchtet waren, zu diesem Kloster. Sie hatten Hunger und baten den Bruder Agnolo, den noch sehr jungen Vorsteher des Klosters, um etwas zu essen. Seine Antwort lautete: Ihr grausamen Räuber und Mörder, seid ihr denn nicht damit zufrieden, das Hab und Gut eurer Mitmenschen zu rauben, wollt ihr auch noch die Almosen der Armen verzehren? Haut ab und laßt euch ja nicht mehr blicken! Und sie liefen wirklich davon. Kaum hatte er aber seine Strafpredigt beendet, als auch schon der heilige Franziskus vom Almosensammeln zurückkam. Bruder Agnolo konnte es kaum erwarten, dem Heiligen zu erzählen, wie tüchtig er gewesen war und wie er die Räuber verjagt hatte. Aber, so heißt es in den „Fioretti" weiter, der heilige Franziskus hat ihn scharf getadelt, weil es ihm an Liebe gefehlt habe.
Gut, es waren Räuber, sagte der Heilige zu seinem Mitbruder, aber sie haben dich um einen Liebeserweis gebeten. In diesem Augenblick waren sie wohlgesinnt. Du hast schlecht gehandelt, deshalb wirst du jetzt dafür Buße tun. Hier ist der Beutel mit dem Brot, das ich gesammelt habe, da der Krug mit Wein: Nimm es, lauf ihnen nach und suche sie! Und wenn du sie gefunden hast, dann wirst du diese Sachen vor sie hinstellen, dich vor ihnen niederknien und sie um Vergebung bitten für deine Schuld, für deine Hartherzigkeit. Du wirst ihnen sagen, daß ich sie liebe und ihnen dieses Essen schicke. Sie sollen aber keine Grausamkeiten mehr begehen gegen ihre Mitmenschen und Reue empfinden vor Gott.
Bruder Agnolo gehorchte und ging. Er fand die Räuber tatsächlich und gab ihnen die mitgebrachten Dinge. Daraufhin begannen sie über ihr niederträchtiges Leben

nachzudenken. Und nachdem sie gegessen hatten, standen sie auf, gingen schnurstracks zum heiligen Franziskus und stellten sich in seine Dienste. Der Heilige hat sie in seinen Orden aufgenommen, und sie haben in ihrem weiteren Leben viel Buße getan, versichern uns die „Fioretti". Der heilige Franziskus war also viel klüger, ein viel größerer Realist als der junge Klostervorsteher; er hat intuitiv gewußt, was zu tun war.

Franz von Sales

Franz von Sales gehört wohl zu den Lieblingsheiligen Lucianis. Immer wieder zitiert er aus seinen Schriften, er ist für ihn das große Vorbild apostolischen Lebens.
In einer Predigt, die er 1972 anläßlich des Provinzkapitels einer Schwesterngemeinschaft gehalten hat, weist er besonders darauf hin, daß die Liebe die Seele des Apostolats sein muß.

Franz von Sales stellte sich unsere Seele wie eine Pflanze oder wie ein Gebäude vor und fragte: „Willst du, daß die Pflanze lebt und das Haus den Unbilden des Wetters widersteht? Dann laß im Inneren der Pflanze eine großzügig bemessene Lymphe verlaufen, die ihr Kraft gibt und die jegliche Art von Gift vernichtet; rüste das Gebäude mit einer soliden inneren Konstruktion aus: Pflanze und Gebäude werden so allen Anfechtungen standhalten. Genauso ist es auch mit der Seele des Christen.“ Und er fährt weiter fort: „Statte sie mit einer kraftvollen Liebe zu Gott aus, gib dieser Liebe Nahrung, erhalte sie am Leben, und die Seele wird keinen Schaden nehmen.“
Der Heilige hat sich einen Dialog mit Königin Margarethe von Frankreich ausgedacht, die gerade im Begriff steht, mit ihrem Mann, dem heiligen König Ludwig IX., ein Schiff in Richtung Orient zu besteigen. „Wohin geht die Reise, Hoheit?“ – „Dorthin, wohin der König fährt.“ – „Aber wißt Ihr denn genau, wohin der König fährt?“ – „Er hat es mir in groben Zügen gesagt. Das ist für mich aber kein Problem, für mich ist nur wichtig, mit ihm zu fahren.“ – „Ihr habt also keine klaren Vorstellungen in bezug auf diese Reise, Hoheit?“ – „Nein, überhaupt keine, außer daß ich bei meinem Herrn und Gemahl bin.“ – „Ihr Mann wird nach Ägypten reisen, er wird Damiette, Akkon und viele andere Orte besuchen. Hoheit, habt nicht auch Ihr die Absicht, dorthin zu gehen?“ – „Ehrlich gesagt, nein. Ich habe keine andere Absicht als die, meinem König nahe zu sein. Die Orte, an die er sich begibt, haben keine Bedeutung für mich, außer daß er dort sein wird. Mir geht

es nicht um die Reise, sondern mir genügt die Gegenwart des Königs."
Dieser König ist Gott, Margarethe seid ihr alle. An dieser Stelle kann es sein, daß ihr mir sagt: „Die Sache mit dieser Margarethe deckt sich mit Abraham und dem heiligen Paulus." Stimmt ganz genau. Das bedeutet, man kann nicht den Glauben Abrahams und den unermüdlichen Tatendrang des Apostels haben, wenn man nicht im Herzen die Liebe der Margarethe des Franz von Sales hat. „Sich vor Gott fühlen wie ein Kind auf dem Arm seiner Mutter", sagt der Heilige weiter. „Gleich, ob er uns auf dem linken oder auf dem rechten Arm trägt, wir lassen ihn gewähren!"
Er stellte auch eine recht vergnügliche Hypothese auf: „Was würde geschehen, wenn die Madonna das Jesuskind einer unserer Schwestern anvertrauen würde? Vielleicht würde diese verlangen, es zu behalten, und sich weigern, es wieder herzugeben." – „Aber das wäre falsch", sagt der Heilige. „Der greise Simeon hat das Jesuskind voll Freude auf seine Arme genommen, und mit Freude hat er es wieder zurückgegeben. So müssen auch die Schwestern", schließt er, „mit Freude einen Auftrag, eine Stellung, ein Amt zurückgeben, wenn die Zeit abgelaufen ist oder aus anderen Gründen."
Normalerweise fällt das schwer, aber es müßte uns leicht werden, wenn die Liebe wirklich die Seele unseres Apostolats ist.

Franziska von Chantal

Dieser Text stammt aus einem Beitrag Lucianis über Sexualerziehung und Ehevorbereitung, den er im Februar 1977 in der Zeitschrift „Messaggero di Sant'Antonio" veröffentlicht hat.

Vor drei Jahrhunderten gedachte Franziska von Chantal, eine Witwe mit Kindern, Nonne und ... Heilige, für ihre Töchter einen Ehemann zu finden. Maria Amata verheiratete sie mit Bernhard, dem Bruder des heiligen Franz von Sales. Cecchina wollte sie einem gewissen Herrn de Ballon zur Frau geben, der adelig und reich begütert war, doch Madame de Charmoisy schnappte ihr den Kandidaten für ihre Tochter vor der Nase weg. Die heilige Franziska mußte sich also mit weniger begnügen, das hieß, mit einem Herrn Toulongeon, den sie Cecchina in einem Brief mit folgenden Worten vorstellte: „Schau, geliebte Tochter, ... es macht mich froh, daß ich selber diese Deine Eheschließung in die Wege geleitet habe. Herr von Toulongeon ist zwar etwa fünfzehn Jahre älter als Du, aber Du wirst mit ihm glücklicher sein als mit einem leichtfertigen und zügellosen Tollkopf, wie es die jungen Männer von heute sind."

In Wahrheit belief sich schließlich der Altersunterschied, den weibliche und mütterliche Diplomatie (die sogar bei Heiligen nicht ganz verschwindet!) mit „etwa fünfzehn Jahren" umschrieb, sogar auf siebenundzwanzig Jahre! Und die jungen Männer von damals waren nun wahrhaftig nicht alle „Tollköpfe", genausowenig wie alle jungen Männer von heute „Tollköpfe" sind.

Unterm Strich ziehe ich die heutige Methode vor, die den Kindern große Freiheit bei der Wahl des Ehepartners läßt, aber einen kleinen Spielraum sollte man auch einem maßvollen Eingreifen der Eltern zugestehen.

Wie die heilige Franziska sollten sie sich sorgfältig um die Zukunft ihrer Kinder kümmern, aber sie sollten sie nicht verheiraten, ohne mit ihnen gesprochen zu haben, und sie sollten auf keinen Fall die Karten auf dem Tisch vertauschen – auch nicht mit „heiliger" Diplomatie!

Mahatma Gandhi

Luciani griff nicht nur auf Heilige der katholischen Kirche zurück, wenn er den Gläubigen Leitbilder vor Augen stellen wollte. Er entdeckte auch immer wieder in Menschen anderer Kulturen und Religionen, ja selbst bei Atheisten Aspekte, die für ihn vorbildlich und nachahmenswert sind. So verwies er in einer Predigt am 2. Februar 1976 über die Tugend der Keuschheit auf den Begründer der Psychoanalyse, Sigmund Freud, und den Führer der indischen Freiheitsbewegung, Mahatma Gandhi.

Sigmund Freud pflegte nicht zu verallgemeinern. Er sprach nur von kranken Menschen. Und er räumte auch ein, daß man seine sexuellen Wünsche durchaus sublimieren kann. Andere nach ihm und ohne seine wissenschaftliche Befähigung greifen immer wieder zu Verallgemeinerungen und reden so, als ob die Geschlechtlichkeit alles dominieren würde und es unmöglich sei, sie zu beherrschen.

Gandhi hingegen berichtet, wie zuerst er selbst und dann auch seine Frau allmählich begriffen hätten, daß ihre geistige Vervollkommnung zu einem bestimmten Zeitpunkt ein Leben in strenger Enthaltsamkeit erfordert hatte. Und beide hielten sich daran. Ich zitiere einige Gedanken, von denen sie sich leiten ließen: „Ein Mensch, der sich die Wahrheit als Braut auserkoren hat, kann sich nicht anderen hingeben." – „Die Keuschheit muß wie alle anderen Regeln in Gedanken, Worten und Werken beachtet werden, in Worten und in Werken ... Wer seinen eigenen Körper beherrscht, aber schlechten Gedanken folgt, bemüht sich vergebens. Wenn der Geist in die Irre geht, wird ihm der ganze Körper früher oder später auf seinem Irrweg folgen."

So schrieb, so arbeitete und lebte ein Mensch, der nicht Christ war, der aber von allen als höchste moralische Autorität anerkannt wird. Gandhi ist Christus nahe, der die Keuschheit so sehr geliebt und empfohlen hat.

Hieronymus

Ein besonderes Anliegen war für Luciani immer schon die Berufung und die Lebensform der Priester. Das kommt auch in einem Vortrag zum Ausdruck, den er 1975 vor Priestern des Patriarchats von Venedig gehalten hat und in dem er den heiligen Hieronymus ausführlich zu Wort kommen läßt.

Glaube und Lehramt verlangen von uns Priestern ein Leben, das nicht nach Belieben gestaltet werden kann, sondern dem Gebet und der Disziplin verpflichtet ist. „Jesus", heißt es beim Evangelisten Markus, „setzte zwölf ein, die er bei sich haben wollte" (Mk 3,14). Aus diesem „Bei-Jesus-Sein" der Apostel leitete die Kirche die „apostolische Lebensform" ab, die so manches Mal keine geringen Opfer erfordert.

Es gibt einen bewegenden und leidenschaftlichen Brief des heiligen Hieronymus an Eustochium, der auch für uns heute noch aktuell sein kann. Ich lese ihn euch in aller Offenheit vor:

„Oh, wie viele Male habe ich mich dabei ertappt, mit meinen Gedanken mitten in die Dekadenz des verweichlichten Rom abgeschweift zu sein. Und das, obwohl ich in meiner Einsiedelei und in großer Einsamkeit lebe, ... die den Mönchen ihre Bleibe durch die sengenden und brennenden Strahlen der Sonne noch unerträglicher macht ... Wegen der Trockenheit haben sich meine Glieder abstoßend verformt, und meine Haut hat die dunkle Farbe der Äthiopier angenommen ... Ich will dir nichts über unser Essen und Trinken berichten. Sogar unsere Kranken trinken kaltes Wasser, und den Genuß von etwas Gekochtem betrachtet man als ein Zeichen von Luxus. Aber ich, der ich mich aus Angst vor dem ewigen Feuer selber zu diesem Gefängnis in der Gesellschaft von Skorpionen und wilden Tieren verurteilt habe, ich überraschte mich oft in Gedanken bei den Tanzvergnügungen der Mädchen. Das Gesicht bleich vom Fasten, loderte doch das Herz vor Begierde in dem kalten Körper. Und während das Fleisch durch den inneren Menschen abgetötet worden war, brodelten nichtsdestoweniger die Flammen des Verlangens.

Allein und hilflos, wie ich war, warf ich mich Jesus zu Füßen, wusch sie mit meinen Tränen und trocknete sie mit meinen Haaren, und indem ich wochenlang fastete, bezwang ich das Fleisch. Nein, ich schäme mich nicht, dieses Elend meiner Unbeständigkeit zuzugeben, vielmehr weine ich, weil ich nicht mehr der bin, der ich früher einmal war.“

Ignatius von Loyola

Für Luciani, der selbst einmal gerne Jesuit geworden wäre, hatte die Gestalt des Gründers des Jesuitenordens immer schon etwas Faszinierendes. Das zeigt sich auch in einem Beitrag, den er im September 1942 in der Zeitschrift des Seminars von Belluno veröffentlichte.

Die französische Artillerie hatte Gefallen daran gefunden, die uralten Mauern von Pamplona zu beschießen. Unter den präzisen und mächtigen Schlägen gerieten die Verteidiger in Angst und zogen sich zurück. Nur die Zitadelle hielt stand, eine Befestigungsanlage, in der zirka tausend Männer vor dem Dilemma standen, sich entweder zu ergeben oder sich auf eine lange und harte Belagerung einzustellen, ohne auch nur die geringste Aussicht auf einen Sieg.

Der Alkalde Francisco de Herrera begab sich mit einigen Offizieren ins Lager der Franzosen, um die Bedingungen für die Übergabe auszuhandeln. Es waren harte Bedingungen; der Alkalde schien zu schwanken. Doch ein junger Hauptmann führte die Entscheidung herbei. Er hieß Ignatius von Loyola, war von kleiner, eleganter Statur, aber durch und durch voll Energie und innerem Feuer. Er sagte, daß man sich unmöglich ergeben könne: Die Spanier könnten zwar dem Tod ins Auge sehen, aber keinesfalls mit der Schande leben; es sei besser, unter den Trümmern begraben zu werden, als unehrenhafte Bedingungen zu akzeptieren. Seine Augen und seine Worte erschienen wie Flammen. Und es gelang ihm, seinen Enthusiasmus auf den Alkalden und auf seine Kameraden zu übertragen: Sie kehrten in die Festung zurück und waren zu allem bereit.

Die Belagerung begann. Doch es war von Anfang an klar, daß sie nicht lange dauern konnte: Der Feind war mit seiner Artillerie einfach zu überlegen. Die Kugeln kamen wie ein Hagelgewitter daher, und die Wehrmauern fielen. Ignatius vollbrachte geradezu Wundertaten: Ungeachtet der Gefahr, tauchte er überall auf, und man hörte seine Stimme unter dem Getöse der Einschläge und der einstür-

zenden Trümmer. Er bemühte sich, den Soldaten Mut zu machen. Vergeblich ... eine Kugel traf ihn an den Beinen; das linke hatte zwar nur eine Schramme abbekommen, aber das rechte Bein war vollkommen zertrümmert. Er fiel zu Boden, und daraufhin ergab sich die Festung.
Als die Franzosen eindrangen, fanden sie ihn unter den Trümmern, halb verblutet. Sie behandelten ihn so, wie man tapfere Männer behandelt, und ließen ihn, sobald es möglich war, auf das väterliche Schloß bringen. Sie hatten in diesem jungen Mann das Zeug zum Helden entdeckt.

Die Entdeckung

Das Zeug zum Priester hatte jedoch noch niemand an ihm entdeckt. Die Verwandten hatten ihm bereits eine kirchliche Karriere geebnet, doch er hatte mit einem schroffen Nein reagiert.
Er wollte mehr! Und war als Page in den Dienst eines Höflings getreten. Etwas später hatte er dann die militärische Laufbahn eingeschlagen und seine ganze Leidenschaft und seinen Mut dort eingebracht; in vielen gefährlichen Situationen hatte er sich brillant geschlagen, und wie die alten Ritter träumte er nur von zwei Dingen: etwas Großes zu leisten und vornehmen Damen zu dienen.
Deshalb verlangte er auch, nachdem die ersten Tage voller Schmerzen vorüber waren und er sich wieder etwas erholt hatte, nach irgendwelchen Ritterromanen. Er wollte in der Phantasie seine goldenen Träume zum Leben erwecken, sich in die so ersehnte Welt versenken, während er auf den Tag wartete, an dem er wieder aufbrechen konnte. Doch die gewünschten Bücher waren nicht vorhanden; seine Brüder konnten ihm bloß ein *Leben Jesu* des Ludolf von Sachsen und einige *Heiligenlegenden* zur Verfügung stellen.
Schon bei den allerersten Seiten überkam ihn ein Gähnen; wahrscheinlich dachte er, daß es so langweilig weitergehen würde, doch es gab nichts Besseres, und so mußte er mit dem Vorhandenen vorliebnehmen.

Er las und las und geriet immer mehr in Staunen: Auch das ist eine Art Rittertum! Auch hier gibt es Heerführer, Offiziere und edle Damen! Andere Anführer natürlich, und andere Soldaten: Christus, Dominikus, Franziskus und die Märtyrer; aber nicht weniger kühn, großmütig und glanzvoll als die Ritter Amadis oder Roland; ja, viel stärker als sie, unendlich mächtiger, so daß sie imstande sind, Himmel und Erde zu revolutionieren und das Antlitz der Welt zu verändern. Und was für Frauen! Jungfrauen, die ihrem himmlischen Bräutigam treu bleiben, selbst um den Preis des Martyriums; mit einem Lächeln auf den Lippen und mit leuchtenden Augen bieten sie ihr Haupt dem Scharfrichter dar!
Tatsächlich! Das war interessant, und er hatte nie daran gedacht! Er vertiefte sich in die Lektüre. Er bewunderte diese neue Welt, diese neuen Helden. Und allmählich begann er den Wunsch zu hegen, auch selbst an dieser Welt teilzuhaben.
Doch vorerst mußte er von der alten Welt Abschied nehmen. Ein geteiltes Herz! Halb ist es noch eingenommen von den Burgen und Schlössern, den edlen Damen, dem Geglitzer der Rittersäle und dem Glanz der Schwerter; halb hingerissen von der Faszination des Kreuzes, des Leidens, der unsterblichen Seelen.
Jetzt gibt es nur mehr eines, das wichtiger ist als alles andere: sich entscheiden!

Die Entscheidung

Eines Wintermorgens verließ er das heimatliche Schloß auf einem geduldigen Maultier. Er lenkte das Tier zu dem berühmten Heiligtum von Montserrat. Dort setzte er eine letzte ritterliche Geste und verbrachte die Nacht als Wachtposten vor der Statue der Madonna, die jetzt die einzige Dame seines Herzens war. Am nächsten Tag schenkte er das Maultier dem Kloster, gab sein Kleid aus weichem Pelz einem Armen, zog ein armseliges Gewand an und begann ein neues Leben. Er hatte seine Wahl getroffen!

Fünfzehn Jahre später wurde er in Venedig zum Priester geweiht. Und mit Priestern füllte er in kürzester Zeit die Straßen Europas, Indiens und Amerikas; lauter Leute, denen er zuvor seine wunderbare Liebe zu Christus eingeimpft hatte; seinen Elan, seinen missionarischen Eifer, seine Leidenschaft für große Unternehmungen und seinen Kampfgeist; Leute, die die Welt in Erstaunen versetzten durch ihr wunderbares Wirken, das an die Apostel erinnerte, durch das Opfer ihres Martyriums und durch ihre gelehrten Schriften; Leute, die bis heute zu den schönsten Beispielen des katholischen Priestertums zählen.

Johannes XXIII.

Es ist nicht verwunderlich, daß Albino Luciani zu Papst Johannes XXIII., der ihn zum Bischof von Vittorio Veneto bestellt hatte, eine besondere Beziehung besaß. Der folgende Text ist aus mehreren Quellen zusammengestellt, hauptsächlich handelt es sich aber um Worte, die anläßlich des Todes des Papstes von Luciani gesprochen wurden.

Vielleicht ist noch niemals ein Papst von der ganzen Welt, auch von Nichtkatholiken, so geliebt worden wie Johannes XXIII. Und es ist immer wieder erstaunlich festzustellen, wie er in seiner Schlichtheit und ohne daß er sich etwa darum bemühte, auf alle möglichen Leute einen außergewöhnlichen Eindruck gemacht hat. Das soll uns Anlaß sein, über sein Beispiel an Güte, Bescheidenheit und festen Gottesglauben nachzudenken und ihm nachzufolgen.

„Was wird aus mir in der Zukunft?“ schrieb der junge Roncalli, kaum daß er Priester geworden war. „Werde ich ein tüchtiger Theologe, ein ausgezeichneter Jurist, ein Landpfarrer oder nur ein einfacher, armer Priester sein? Was liegt mir daran? Nach dem göttlichen Willen kann ich nichts von alldem sein oder auch mehr.“ Und zehn Jahre später: „Das Lächeln, das gewöhnlich die Lippen streift, muß den manchmal furchtbaren inneren Kampf des Egoismus verdecken können und – wenn nötig – den Sieg des Geistes über die Widerstände der Sinne und der Eigenliebe belegen. So daß Gott und mein Nächster immer den besten Teil von mir haben ... Die Sorgen der Eigenliebe um die Zukunft verzögern das Werk Gottes in uns, seine Wege, und sie sind noch nicht einmal den materiellen Interessen zuträglich. Auf diesen Aspekt muß ich stark aufpassen ... Jeder, der will, möge vorbeiziehen und vorauseilen. Ohne Sorgen bleibe ich da, wo die Vorsehung mich hinstellt, und lasse anderen den Weg frei.“

Der Gedanke, der mich bei Papst Johannes am meisten getroffen hat, ist: *Ecclesia Christi lumen gentium* (Die Kirche Christi ist das Licht der Völker). Die Kirche darf nicht nur ein Licht für die Katholiken sein, sondern muß es für

alle sein. Sie gehört allen, und alle müssen sich ihr nähern dürfen.
Als zu Beginn des Jahres 1935 der Apostolische Delegat Angelo Roncalli in der Türkei sein Amt antrat, erlebte er eine schmerzliche Überraschung: Es gab Dutzende von Geistlichen dort und Tausende von Gläubigen, aber fast keiner von ihnen hatte sich bisher die Mühe gemacht, die Landessprache Türkisch zu erlernen. Die Katholiken waren ein wenig wie auf einer Insel, abgeschlossen in sich selber. Er versuchte das so weit wie möglich zu ändern: Er wollte, daß die offiziellen Verlautbarungen der Delegation auf Türkisch verfaßt werden; vor jeder seiner Predigten ließ er das Evangelium auf Türkisch vorlesen, und das „Gott sei gepriesen" nach der Messe wollte er ebenfalls auf Türkisch rezitiert haben. Es gab Äußerungen des Erstaunens, der Kritik, und jemand fragte ihn: „Wozu diese Neuerungen?" – „Sie sind für die Katholiken und für die Türken", antwortete er. „Den Katholiken möchte ich sagen: Seid so lieb und verlaßt eure Isolation! Laßt das Französische und all die anderen Sachen, die euch hindernd im Wege stehen, und geht auf diese Leute zu, bei denen ihr zu Gast seid und die in gleicher Weise für die Wahrheit geschaffen sind. Und den Türken möchte ich sagen: Liebe Türken! Von unserem Glauben können wir keinen Punkt abstreichen, aber wir möchten euch wissen lassen, daß es gerade dieser Glaube ist, der uns gebietet, euch unsere Sympathie und die aufrichtige Wertschätzung für das, was ihr an Gutem schaffen konntet, auszudrücken und damit zusammenhängend auch den Wunsch, ein wenig gemeinsam den Weg zu gehen – auf das zu, was von Natur aus gut ist."
Das war im Kleinen das Programm, das er als Papst im Großen umsetzte: Brücken zur Welt zu schlagen. Das Konzil ist eine dieser Brücken. In einer Audienz für uns Bischöfe des Veneto hat er erzählt, wie ihm die Idee dazu gekommen ist. „Eines Morgens kommt Tardini [der Kardinalstaatssekretär] mit dem üblichen Papierstapel herein. Wir gehen ihn durch, und es offenbart sich die

Situation der Welt. Wie viele Probleme, wie viele Schwierigkeiten! ‚Was kann die Kirche tun, um zu helfen?' fragt man. Darüber hatte ich mir zuvor keine Vorstellungen gemacht, aber in diesem Moment durchzuckt mich ein Gedanke, und ich sage: ‚Wir brauchen ein ökumenisches Konzil!' Kaum hatte ich das ausgesprochen, da wunderte ich mich beinahe, es ausgesprochen zu haben, und ich blicke zu Tardini hin. Der legt die Papiere auf den Tisch. Ich sehe seine kurzsichtigen Augen hinter den Brillengläsern leuchten, und dann höre ich ihn sagen: ‚Das, Heiligkeit, das ist eine großartige Idee! Ja, wir brauchen ein Konzil!' Ich bin es gewohnt, in aller Demut dem zu folgen, was mir eine Eingebung des Herrn zu sein scheint. So habe ich es auch damals gemacht. Den Rest kennt ihr."
Auch ihr, meine lieben Gläubigen, kennt ihn. Ihr habt Johannes XXIII. bei jedem Anlaß auf dem Konzil sprechen gehört. Er sah in ihm so etwas wie eine Prüfung, eine Selbstkritik der Kirche, um besser und schöner zu werden, um sich zu erneuern und sich so den getrennten Brüdern und dem Rest der Welt sympathischer, überzeugender und annehmbarer darzustellen. Nicht einmal Predigten wären notwendig, sagte er einmal und zitierte Chrysostomos, wenn unser Leben wahrhaft leuchten würde.
Auch in seiner berühmten Eröffnungsrede des Konzils dachte er an die Welt. „Ich wünsche kein Konzil-Museum, das sich darauf beschränkt, alte Stücke zu sammeln und aufzulisten. Das Konzil muß statt dessen eine Schmiede sein, die die unwandelbaren Lehrsätze in neue Formen bringt, mit einem neuen Geist versehen und im Hinblick auf neue Bedürfnisse. Die Kirche muß heute die Mutter aller Menschen sein, gütig, geduldig, voller Erbarmen auch gegenüber den getrennten Brüdern. Das Erbarmen muß heutzutage die große Medizin sein."
Es ist hier nicht der Ort, all das aufzuzählen, was Papst Johannes an Gutem nicht nur für die Kirche, sondern für die Menschheit getan hat. Ich möchte nur gerne den Geist unterstreichen, aus dem heraus er es getan hat. In einer

mir unvergeßlichen Privataudienz habe ich von seinen ehrwürdigen Lippen diesen Geist erfahren, als ich – fünf Tage bevor er mich zum Bischof weihte – vor seinem Schreibtisch saß. Er vertraute mir an, daß ein Satz aus der *Nachfolge Christi,* über die er 1904 im Eifer des ersten Priestertums meditiert hatte, für sein ganzes Leben von der Vorsehung bestimmt und richtungweisend war. „Gehen Sie und sehen Sie sich das an", sagte er zu mir, „er steht im dritten Buch, Kapitel 23." Aber inzwischen zitierte er ihn mir aus dem Gedächtnis: „Vier Dinge bringen großen Frieden. Erstens: Sei bestrebt, lieber den Willen eines anderen zu tun als deinen eigenen. Zweitens: Ziehe es immer vor, weniger zu haben als mehr. Drittens: Suche dir immer einen niedrigen Platz aus. Viertens: Wünsche immer und bete darum, daß sich Gottes Wille an dir vollkommen erfülle. – Ich habe mich immer bemüht, diese vier Dinge in die Praxis umzusetzen", schloß er, „und ich bin damit immer gut gefahren, sowohl in guten als auch in schlechten Tagen. Der Herr hat mir geholfen und mich gesegnet."

Wenn ich in diesen traurigen Tagen über sein Leben nachsinne und seine Briefe und Ansprachen nachlese, dann denke ich, daß er mir damals die Wahrheit gesagt hat. Er hat sich wirklich von Gottes Willen leiten lassen, nach Erfolg und Größe hat er nie gestrebt. Er besaß große Sanftmut und Geduld. Als er 1925 zum Erzbischof ernannt worden war, schrieb er an Freunde: „Ich fühle mich beschämt und durcheinander, meine Seele aber ist ruhig und mein Herz ist in Frieden. Ich gehorche, obwohl es mir widerstrebt, bestimmte Dinge loszulassen und mich auf andere einzulassen, aber ich bin keinesfalls darüber erregt. Ja, *oboedientia et pax* (Gehorsam und Friede): das ist mein bischöflicher Leitspruch. So möge es immer sein."

Als Besucher und später neun Jahre lang als Apostolischer Delegat in Bulgarien sieht er sich dort nicht gerade kleinen und zeitlich kurz bemessenen Bewährungsproben ausgesetzt. Die kümmerliche katholische Gemeinde hat enorme Bedürfnisse und setzt große Hoffnungen auf den

Delegaten. Der aber kann nur seine eigene Machtlosigkeit feststellen, wenn es darum geht, sich um alles zu kümmern und den auf ihm ruhenden Erwartungen zu entsprechen. Dann plötzlich diese unglückselige Affäre um die Heirat des Königs Boris mit Johanna von Savoyen. Roncalli verhandelt, er versichert Rom, daß der erlauchte Bräutigam ehrlich und bereit zu sein scheint, seine Pflichten zu erfüllen. Boris aber wiederholt in aller Heimlichkeit in orthodoxem Ritus die schon in Assisi in katholischem Ritus vollzogene Trauung, und später läßt er seine Tochter von den Orthodoxen taufen. Roncalli sieht sich von seiten des Staatssekretariats, dem schon seine Ernennung nicht gepaßt hatte, die einzig und allein dem Papst zu verdanken war, massiver Kritik ausgesetzt. Seine Gläubigen gekränkt, die Orthodoxen triumphierend, der königliche Hof wegen der unmißverständlichen und heftigen öffentlichen Anspielungen Pius' XI. irritiert. Der Delegat Roncalli hat einen steinigen Weg zu gehen, und er bekennt, daß die Affäre ihm mehr „Unannehmlichkeiten als Tage beschert" habe. Aber er schreibt: „Ich hoffe, der Herr hilft mir dabei, daß ich auch nicht nur ein einziges Mal weder aus meinem Mund noch aus meinem Herzen den Wunsch nach einem Wechsel laut werden lasse." Und später: „Ich bin jetzt in einem Zustand, den der heilige Franz von Sales als vollkommen bezeichnet, d. h. nichts verlangen und nichts verweigern. Der Herr weiß alles, und das genügt mir." Und noch später: „Voller Ungeduld leiden wir oft wegen großer und lautstarker Erfolge. Wenigstens einen wollen wir am Tag sehen und mit unseren Händen berühren ... wir irren uns." Und weiter: „Über das, was die Welt sagen mag, kümmere ich mich nicht, mir reicht das Zeugnis meines guten Gewissens und die Sicherheit, daß der Heilige Vater mit meiner bescheidenen Arbeit zufrieden ist."
Von Bulgarien wurde er in die Türkei und dann nach Griechenland versetzt. Das war alles andere als eine großartige Beförderung, zumal die Zeitungen von ihm schon als dem neuen Nuntius für Rumänien berichtet hatten. Er

aber schrieb: „Viele Menschen an den Ufern Europas und Asiens bemitleiden mich und nennen mich unglücklich. Ich weiß nicht, warum. Ich übe Gehorsam, wie man es von mir erwartet, und nichts anderes ... Vielleicht erwarten mich schlechte Tage und schmerzliche Situationen. Aber ich höre nicht auf, in die Höhe und in die Ferne zu schauen.“ Dieser Satz wurde ihm sehr vertraut: „In die Höhe und Ferne schauen“. Durchdrungen von diesem Geist der Geduld, der Loslösung von den Dingen der Welt, des Vertrauens allein auf Gott, geht er die Schwierigkeiten der Nuntiatur in Frankreich, der Diözese in Venedig und auch die großen Probleme des Pontifikats an. Nach seiner Nominierung für Venedig schrieb er von Paris aus an den Generalvikar: „Mit dieser meiner Ernennung habe ich nichts zu tun gehabt, aber ich komme gerne.“

In Venedig hatte er vor, die Bücherstände aus San Marco entfernen zu lassen. Angesichts der lebhaften Reaktionen schrieb er: „Hätte man mir gesagt, daß es zur Verwirklichung meiner Absicht genügen würde, eine einzige Ameise zu töten, ich würde sie dennoch nicht töten.“ Ohne diese zeit seines Lebens geübte Langmut ist seine sanfte und unerschütterliche Geduld in der langen, langen Phase des frühen Todeskampfes nicht erklärbar.

Als Papst Johannes vor einigen Tagen vom Arzt erfahren hatte, daß es sehr schlecht um ihn stand, wollte er sofort den Herrn im Sakrament empfangen. Und als der Priester mit der erhobenen Hostie vor ihm stand, unterbrach er ihn, legte das Glaubensbekenntnis ab und bat um Vergebung all seiner Sünden und allen eventuellen Unrechts, das er anderen angetan haben könnte. Dann erst nahm er die Kommunion. Aber damit war er noch nicht zufrieden. Er bat darum, das Allerheiligste im Zimmer aufzustellen, und für eine halbe Stunde versank er in der Anschauung Gottes und im Gebet.

„Vier Dinge sind es, die den Frieden bringen“, hatte es in der *Nachfolge Christi* geheißen. Ohne Unterlaß hat er versucht, nach dieser Maxime zu leben, und in sich selber hat er die Verwirklichung dessen gefühlt, was die *Nach-*

folge hinzufügt: „Ecce talis homo ingreditur fines pacis et quietis“ – „Wer so handelt, geht in das Land des Friedens und der Ruhe ein.“

Seine Mission hat er erfüllt, nun ist er zum Herrn hinübergegangen. Hier unten verbleibt das Gute, das er vollbracht hat, es bleibt – anspornend und tröstend – sein leuchtendes Vorbild.

Es bleibt auch seine wunderbare Lehre: „Erweitert den Raum der Kirche! Die Wahrheit allein genügt nicht, es bedarf der Nächstenliebe! Schaut in die Höhe und in die Ferne! Geht den Weg des Gehorsams, um in das Reich des Friedens zu gelangen!“

Nehmen wir diese seine Mahnungen an, übersetzen wir sein Vorbild in feste Überzeugungen und solide Tugenden! Man soll nicht über uns sagen, das Beispiel von Papst Johannes habe kaum an unser Herz gerührt. Vielmehr soll man sagen: „Dieser große und gute Papst hat sie beeindruckt, er hat sie überzeugt, er hat sie in ihren Ideen und in ihrem Leben verwandelt.“

Wilhelm Ketteler

Als Lehrer und Vizerektor im Seminar von Belluno war die Sorge um Priesterberufe Lucianis beständiges Anliegen. Immer wieder behandelte er dieses Thema, so auch in einem Beitrag für die April/Mai-Nummer 1941 der vom Seminar herausgegebenen Zeitschrift.
Als Aufhänger dient ihm diesmal der sozial engagierte ehemalige Bischof von Mainz.

Er war ein junger deutscher Anwalt. Aus dem Hochadel stammend, gebildet, rhetorisch brillant. Vor allem aber: ungestüm und kampfeslustig – aus Familientradition, aus einem hitzigen Gemüt und dem Bedürfnis heraus, handgreiflich zu werden. In den verschiedenen Universitäten, in Göttingen, Berlin, München und Heidelberg, war er das Idol seiner lärmenden Kameraden gewesen, die Seele aller Studentenstreiche, der Schrecken all derer, die ihm ein Zimmer vermieteten. Oje ... sogar in einem Duell hat er sich geschlagen und dabei riskiert, sich seine Nase absäbeln zu lassen!
Da er gleichermaßen bereit war, einen Fluß schwimmend zu durchqueren, wenn dieser ihm den Weg versperrte, wie auch sich durch die Bücher zu arbeiten, wenn es für die Prüfungen notwendig war, hatte er mit großem Eifer und glänzendem Erfolg studiert.
Eine große Zukunft lag vor ihm: Es genügte, die Beamtenlaufbahn einzuschlagen – und eines Tages würde er als Vizepräfekt irgendeiner Stadt in Westfalen oder Preußen aufwachen. Und aller Wahrscheinlichkeit nach wäre es nicht dabei geblieben!
Man staunte allgemein nicht schlecht, als bekannt wurde, daß er seine Laufbahn abgebrochen und der Regierung den Laufpaß gegeben hatte. Was? Er zerstörte seine Karriere? Er aber erwiderte nur, daß er genug hätte, und zog sich nach Bayern, nach München, zurück.
Hier ging er auf die Suche nach einem Gebiet für seinen Betätigungsdrang. Nach welchem? Wonach? Nicht einmal er selber wußte es. Er fühlte gewaltige Energien in sich, und er wollte sie für etwas Großes und Heiliges einsetzen.

In seinem Innersten wünschte er sich, daß jemand daherkäme, der ihn brauchte ...
Und er wurde erhört.
Eines Abends hatte er die Vision einer einfachen Klosterschwester vor sich, die im Gebet versunken war. Da er kein Visionär war, versuchte er sich davon zu überzeugen, daß es sich hier um eine Halluzination handelte, und die Vision zu verscheuchen. Aber ständig sah er ganz deutlich die Schwester vor sich, die betete.
Doch für wen betete sie? Er wußte es nicht.
Inzwischen verschwand die Vision, aber zur gleichen Zeit kam ihm der Gedanke: Und wenn ich Priester würde?
Noch nie war ihm das in den Sinn gekommen! Jetzt aber wunderte er sich, daß er nicht schon längst daran gedacht hatte. Es erschien ihm die natürlichste Sache der Welt, er informierte sich – und dann traf er seine Entscheidung.
Er trat ins Priesterseminar ein, und vier Jahre später wurde er in Münster geweiht. Zuerst war er Kaplan, dann Pfarrer, dann Bischof, der große Ketteler von Mainz, der Apostel der Arbeiter, der großartige Kämpfer, der mithalf, das katholische Deutschland wiederaufzubauen!
Und das Geheimnis der betenden Schwester? Das verstand er erst in seinen letzten Jahren.
Eines Morgens ist er eingeladen, in einem Schwesterninstitut die Messe zu feiern und zu predigen. Während er die Kommunion austeilt, hält er plötzlich inne, seine Hand zittert: In der Schwester, die von ihm die Kommunion empfängt, erkennt er die Schwester der Vision.
Nach der Messe läßt er alle Ordensfrauen zusammenkommen, aber diejenige, die er sucht, ist nicht unter ihnen. „Sind das alle Schwestern?“ fragt er die Oberin. „Ja, alle, Eure Exzellenz.“ – „Aber kann es nicht sein, daß eine fehlt?“ – „Ach ja“, erwidert die Oberin, „eine alte Schwester, die die niedrigsten Dienste versieht. Ich lasse sie sofort kommen.“ Es war die, die der Bischof sehen wollte. Er fragte sie, ob es ihre Gewohnheit sei, besondere Gebete zu verrichten. „Exzellenz“, gab sie zur Antwort, „ich bin

nur eine einfache Schwester, ich zähle wenig, aber meine Opfer und meine Gebete will ich für die Priester und die Berufungen darbringen." – „Dann seid Ihr es, der ich meine Berufung verdanke ..."
Ja, das stille Gebet einer guten Seele, die Großherzigkeit eines jungen Mannes und die Gnade Gottes haben diese wunderbare Berufung des Priesters und Bischofs bewirkt. Und so geschieht es immer: Gott – der Gerufene – die guten Beter ...

Martin Luther King

Jährlich zu Jahresbeginn begeht die Kirche den Welttag des Friedens. Friede und Gewalt sind Gegensätze, und so ist es kein Wunder, daß Patriarch Luciani in seiner Predigt zum Jahreswechsel 1976 auf den Apostel der Gewaltlosigkeit Bezug nimmt.

Christus hat gesagt: „Ihr alle seid Brüder" (Mt 23,8). „Jeder, der seinem Bruder auch nur zürnt, soll dem Gericht verfallen sein" (Mt 5,22). „Und wenn dich einer vor Gericht bringen will, um dir das Hemd wegzunehmen, dann laß ihm auch den Mantel" (Mt 5,40). „Wenn dich einer auf die rechte Wange schlägt, dann halt ihm auch die andere hin" (Mt 5,39).

Ist es Schwäche oder Unterwürfigkeit, diesen Maximen zu folgen? Im Gegenteil, es ist Stärke im Zeichen des Christentums, und es führt uns immer wieder ganz deutlich vor Augen, daß auch wir des Erbarmens und der Vergebung Gottes bedürfen. Beten wir nicht täglich: „Vergib uns unsere Schuld, wie auch wir vergeben unsern Schuldigern"? (Vgl. Mt 6,12) Es wäre ein großer Schritt in Richtung Frieden, den jeder einzelne von uns gehen muß, wenn wir uns alle mehr als Brüder fühlen und das Gebot der Vergebung befolgen würden.

Ich erlaube mir, euch an einen Nichtkatholiken zu erinnern: Martin Luther King, einen protestantischen Pastor. Es war im Jahre 1955 in einem Autobus in Montgomery in Alabama. Eine schwarze Frau weigert sich aus Gesundheitsgründen, einer Weißen ihren Platz zu überlassen. Die weiße Bevölkerung ergreift Partei für die letztere. King bringt die Schwarzen dazu, im Rahmen eines friedlichen Protestes keine Autobusse mehr zu benutzen. Diese Aktion dauert 381 Tage, die Schwarzen gewinnen die Partie. Die betreibende Busfirma kapituliert angesichts des drohenden Bankrotts. So beginnt King sein Werk. Später wird er von Fanatikern verprügelt und ins Gefängnis geworfen. Im Jahre 1958 sprengen Weiße mit einer Bombe den größten Teil seines Hauses in die Luft. Frau und Tochter kommen wie durch ein Wunder mit dem

Leben davon. Seine schwarzen Freunde rotten sich zusammen, sie sind bewaffnet und bereit, mit Gewalt zu reagieren. Martin Luther King aber sagt: „Geht nach Hause, legt die Waffen nieder ... Wir müssen unsere weißen Brüder lieben, was immer sie auch tun.“ Und weiter: „Nur derjenige ist wirklich stark, der zum Widerstand fähig ist, ohne das Böse mit Bösem zu vergelten.“
Mit Klugheit und Zähigkeit setzte er seinen Weg fort. Er kontaktierte Menschen, die Einfluß auf eine friedliche Lösung des Rassenproblems haben könnten; er erweiterte den Kreis der Sympathisanten; er verstand es, den Provinzialismus des Südens zu durchbrechen und seinem Handeln zuerst auf nationaler, dann auf internationaler Ebene Aufmerksamkeit zu verschaffen. Im Jahre 1964 erhielt er den Friedensnobelpreis. 1968 wurde er ein Opfer des Hasses. Heute lebt er in den Herzen vieler Menschen als Mann und Apostel der Liebe weiter.

Sebastian Kneipp

In einer ganzen Artikelserie in der Zeitschrift des Seminars von Belluno stellte Luciani seinen Lesern vorbildliche Priestergestalten vor Augen. In der Julinummer 1942 ist es der bayrische Priester und Gesundheitsapostel Sebastian Kneipp.

Wörishofen war nie ein berühmter Ort gewesen. Wie denn auch! So klein und armselig, so versteckt im hintersten Winkel Bayerns war dieses Dorf, daß selbst der erfahrenste Geograph Mühe gehabt hätte, es zu finden. Bekannt wurde es durch seinen Pfarrer: Sebastian Kneipp. So mancher klopfte an die Pfarrhaustür, um sich gesundheitlichen Rat zu holen. Man sagte von ihm, daß er genauso tüchtig gewesen sei wie ein Arzt.
Zu Hunderten und Tausenden kamen die Menschen zu ihm, innerhalb von zehn Jahren waren es mehr als hunderttausend. Im Durchschnitt kamen an die dreitausend Im Jahr: Arbeiter, einfache Frauen, Fürstinnen, Minister, Katholiken, Protestanten, Juden; sie kamen aus allen Teilen Deutschlands und Europas, ja sogar aus Persien und Amerika.
Die wenigen Häuser in Wörishofen genügten nicht mehr; es entstanden Hotels und Spitäler. Das Pfarrhaus war täglich voll von Ärzten, die sich um den Pfarrer drängten, ihn beobachteten, Fragen stellten und sich Notizen machten. Der kleine, gutmütige und stets lächelnde Pfarrer genoß Ansehen bei den berühmtesten Professoren; seine Vorträge in München waren überlaufen, und seine Bücher erzielten spektakuläre Erfolge: Die zehntausend Exemplare einer jeden Auflage waren im Nu vergriffen, das schafften nicht einmal die Romane seiner Zeitgenossen Zola und Renan. Wenn man fragte: Wer ist die populärste Gestalt in Deutschland?, erhielt man zur Antwort: Kneipp. Und wenn man weiter fragte: Welcher deutsche Priester findet wegen seiner Güte und seines Wissens über alle gesellschaftlichen Schranken hinweg bei allen Gehör und wird von allen verehrt?, so hieß es wiederum: Kneipp, ganz ohne Zweifel. Und so war er dreißig Jahre lang ein

Glanzlicht des katholischen Klerus: wegen seines Wissens, seines Wirkens, seiner außergewöhnlichen Güte.
Man hat mir vorgeworfen, in dieser Zeitschrift nur von großen Männern erzählt zu haben: von Ségur, einem Marquis; von Ketteler, einem Baron; von Charles de Foucauld, einem Offizier und Forscher, usw. Nun, Kneipp war weder ein Graf noch ein Marquis, sondern ein wirklich Armer. So arm, daß seine Eltern nicht wußten, woher sie einen Erstkommunionanzug für ihn hernehmen sollten. Nach langem Nachdenken machten sie es so: Die Mutter schneiderte aus ihrem eigenen Hochzeitskleid ein Gewand für ihn; vom Vater bekam er den Hut, den er einst als Mitglied der Bauernmiliz getragen hatte. Der arme kleine Kerl, sein Kopf paßte zweimal unter den Hut, und doch war er noch nie so gut gekleidet gewesen, und er war glücklich!
Noch glücklicher war er jedoch an dem Tag, als er seiner inneren Berufung zum Priestertum folgend zu sich sagte: Ich will Priester werden! Zuerst erhoffte er sich Hilfe von den Pfarrern der Umgebung, mehr als zwanzig von ihnen sprach er zwischen seinem zwölften und achtzehnten Lebensjahr darauf an. Von allen erhielt er dieselbe Antwort: Du bist zu arm; sei zufrieden damit, ein tüchtiger Weber zu werden wie dein Vater!
Das ist leicht gesagt, aber ihm erschien der Webstuhl wie eine Fessel, wenn von weitem ein Kelch und ein Meßbuch winkten und ihn lockten!
Er versuchte, kostenlos in einem Internat unterzukommen. Angesichts seiner inständigen Bitten gab der Rektor schließlich aus purem Mitleid nach: „Gut, geh nach Hause und bring mir das schriftliche Einverständnis deines Vaters! Dann kannst du bei uns bleiben."
Er lief, er flog geradezu, dieses unglaubliche Glück erschien ihm wie ein Traum. Doch der Vater teilte seine Begeisterung keineswegs und war ganz anderer Ansicht: „Jetzt, wo du achtzehn Jahre alt bist und mir helfen könntest! Kommt gar nicht in Frage!"
Da war nichts zu machen.

Oder doch? Ja, es ist etwas zu machen; er wird eben warten, bis er zwanzig ist, und inzwischen – um keine Zeit zu verlieren – wird er fleißig sparen und Pfennig um Pfennig zusammenlegen, bis er die notwendige Summe beisammen hat, um das Studium beginnen zu können.
Drei Jahre lang arbeitet er fieberhaft. Im Winter macht er Überstunden am Webstuhl, im Sommer verdingt er sich als Maurer und Schnitter. Er schuftet wie ein Wahnsinniger. Seine Ersparnisse nehmen zu, und er kann sich das für einen Studenten nötige Mobiliar besorgen: ein Bett, einen Schrank, einen Koffer; ja, es bleibt ihm sogar noch etwas übrig.
Endlich ist er da, der 17. Mai 1842, der Tag, an dem er 21 Jahre alt wird. Es ist sein letzter Arbeitstag; morgen wird er, wenn Gott will, sich aufmachen, um Priester zu werden.
Doch o weh! Es scheint, als ob Gott es nicht wolle. Gerade an jenem Abend bricht am Rande des Dorfes ein Brand aus, der binnen kurzer Zeit alle Häuser erfaßt. Kneipp, der sich verzweifelt bemüht, seine Habseligkeiten, seine Hoffnungen zu retten, muß vor den Flammen kapitulieren. Es bleibt ihm nur mehr das, was er auf dem Leibe trägt: ein altes Hemd und eine Hose.
Ein anderer hätte resigniert: Er jedoch beginnt wieder von vorne. Einige Monate benötigt er, um das zerstörte Haus wieder instand zu setzen. Vom frühen Morgen bis in die späte Nacht gönnt er sich keine Minute Pause, und während er den Kalk anrührt und zur Baustelle schleppt, denkt er an nichts anderes als an das Priestertum, an die Hindernisse, die sich vor ihm auftürmen. Manchmal weint er. Schließlich kann er nicht mehr: Hals über Kopf verläßt er sein Zuhause, begibt sich zu Pfarrer Merckle und beschwört ihn, er möge ihm doch ein wenig Unterricht geben. Seine Bitte wird erhört: Mit 21 Jahren beginnt Sebastian Kneipp zu studieren.
Doch da widerfährt ihm neues Mißgeschick: Seine bisher sehr robuste Gesundheit läßt ihn im Stich, zweifelsohne aufgrund der großen Strapazen. Er, der zuvor mit Leich-

tigkeit eineinhalb Doppelzentner zu tragen vermochte, kann sich kaum mehr auf den Beinen halten und hat Mühe, es vor dem Professor zu verbergen, wo er sich doch kopfüber ins Studium stürzen möchte, um die verlorene Zeit wieder einzuholen.

Jedes Jahr vor den Ferien hört er seine Kameraden tuscheln: „Papa“ Kneipp ist verloren, den werden wir nicht wiedersehen! Doch er kommt zurück, und sie sehen ihn wieder, aber die beginnende Schwindsucht ergreift immer stärker von ihm Besitz.

Eines Tages fällt ihm in der Bibliothek ein medizinisches Buch von Dr. Hahn in die Hände. Neugierig schlägt er es auf und liest, daß das Wasser eine große Heilkraft bei Krankheiten habe. Er nimmt das Buch in die Ferien mit, studiert es mit Hingabe, kommt dabei auf eine neue Heilmethode, die „Wasserkur“, und erprobt sie mit unglaublichem Wagemut an sich selbst, wobei er alles riskiert: Er, der Schwindsüchtige, steht jede Nacht im Januar auf, geht zur Donau hinunter, bricht das Eis auf und nimmt bei 15 Grad unter Null ein Bad im eiskalten Wasser!

Das rasch erzielte Resultat: Heilung und völlige Wiederherstellung unter dem allgemeinen Staunen derer, die ihn kennen; mehr noch, er kennt nun eine neue, wichtige Heilmethode; vor allem aber kann er sein geliebtes Theologiestudium zu Ende führen.

Am 6. August 1852 wird der junge Kneipp durch die Handauflegung des Bischofs von Augsburg zum Priester geweiht. Es ist der Lohn für einen zwanzigjährigen mutigen und bewundernswerten Kampf um seine Berufung.

Klara von Assisi

Anläßlich der ewigen Profeß (Ablegung der Ordensgelübde auf Lebenszeit) von drei Franziskanerinnen kommt Luciani in seiner Ansprache am 4. Oktober 1975 auf die Beziehung der heiligen Klara zu Franz von Assisi und ihren Beitrag zur franziskanischen Spiritualität zu sprechen.

Als Franziskus sich bekehrt hatte, machte das in Assisi einen gewaltigen Eindruck. Klara war damals ein junges Mädchen von siebzehn Jahren. Mehrere Male hatte sie ihn gesehen und sich ihm genähert, und nachdem Franziskus seinem Vater Pier Bernardone das Gewand zurückgegeben hatte, das ihn als Mitglied einer wohlhabenden Familie auswies und das er nun gegen armselige Lumpen eintauschte, kam sie mit ihm ins Gespräch und ließ sich von demselben Ideal hinreißen wie er. Wie er beschloß sie, alles zu verlassen und sich Christus in vollkommener Armut hinzugeben. Das erste, was Franziskus daraufhin tat, war, daß er zum Bischof Guido ging und ihn über Klaras Entschluß informierte.

Am Palmsonntag des Jahres 1211, in der Kathedrale des heiligen Rufinus, konnte man sehen, wie der Bischof den Altar verließ, sich mitten unter das Volk begab und Klara einen geweihten Olivenzweig überreichte.

Was würde nun geschehen? Das fragten sich die Leute, und bereits sehr bald wußten sie es. In der darauffolgenden Nacht verließ Klara heimlich mit einer Vertrauten das väterliche Haus und stieg zur Kirche Santa Maria degli Angeli hinan: Dort wurde sie von Franziskus und den Brüdern schon erwartet.

Franziskus schnitt Klara die Haare ab und händigte ihr die neue Kleidung aus: eine kreuzförmig geschnittene Kutte, eine weiße Kordel und einen schwarzen Schleier. Unmittelbar danach begab sie sich zum Kloster der Benediktinerinnen des heiligen Paulus, wo sie fünfzehn Tage blieb. Gemeinsam mit ihrer Schwester Agnes verbrachte sie eine weitere Zeit in einem anderen Kloster am Fuße des Berges Subasio.

Als alles soweit war, empfing Franziskus sie in dem eigens für sie in der Nähe der Kirche des heiligen Damian errichteten Klosters. Das war der Ausgangspunkt des zweiten Ordens der Franziskaner, der damals die „Armen Schwestern von San Damiano“ genannt wurde.
Klara ist die erste geistige Tochter des heiligen Franziskus gewesen. Aber es ist durchaus nicht so, daß sie nur empfangen hätte, sie hat auch gegeben. Es gab einen Moment, in dem der heilige Franziskus unschlüssig war über die Art und Weise, wie die Brüder ihr Leben führen sollten. Er fragte Klara um Rat, die ohne zu zögern sofort antwortete: Draußen in der Welt gibt es so viele Menschen, die auf uns warten, deshalb sollen die Brüder hinausgehen und sich dem Apostolat widmen.
Nach dem Tod des heiligen Franziskus lebte Klara noch siebenundzwanzig Jahre. Papst Innozenz IV., der sich gerade in Assisi aufhielt, wollte an ihrer Beisetzung teilnehmen. Und er leitete auch ihre Heiligsprechung ein, die dann zwei Jahre später erfolgte.
Bei der heiligen Klara finden wir die ganze Spiritualität des heiligen Franziskus wieder, deren Hauptmerkmal die Christusbezogenheit ist. Und in diese Spiritualität sind auch die franziskanischen Tugenden eingebettet. Darunter die *Armut:* Sie schließt nicht nur die Anhänglichkeit an den Mammon, an das Geld aus, sondern auch das Streben nach Karriere, nach Ruhm, nach Bildung, wenn diese nicht dem Seelenheil dient. „Wer mir nachfolgen will“, hat Jesus gesagt, „der verleugne sich selbst“. Auch darin besteht die Armut.
Eng mit der Armut verbunden sind die *Demut* und die *Keuschheit,* allesamt schwer zu befolgen. Schwerer aber noch ist der *Gehorsam.* Denkt daran, daß ihr keine wahren Schwestern sein werdet, wenn ihr nicht gehorsam seid. Christus war gehorsam bis zum Tod, bis zum Tod am Kreuz. Und dann die *Buße:* Bei der Ausübung dieser Tugend hat die heilige Klara sicher übertrieben. Sie hat sich ihre Gesundheit so ruiniert, daß der heilige Franziskus einschreiten mußte und sie nicht mehr auf dem nackten

Boden schlafen ließ, sondern auf einem Strohlager. Weiters das *Gebet:* Vom heiligen Franziskus kann man sagen, daß er nicht nur ein Mensch war, der gebetet hat, sondern daß er selber ein Gebet war.

Versucht nun, mit Gottes Hilfe alldem nachzueifern!

Fratel Leone di Maria

Der heute über neunzigjährige Fratel Leone gehört der Kongregation der christlichen Schulbrüder an. Lucianis besonderes Interesse galt von jeher schon der Katechese, der Glaubensverkündigung an Kinder und Jugendliche. Nicht von ungefähr war sein erstes Buch, das 1949 unter dem Titel „Catechetica in briciole“ erschienen ist, ein Leitfaden für Katecheten. Auch der folgende kurze Text stammt aus einem Artikel, der sich an die Katecheten wendet und den der Patriarch von Venedig 1976 in seiner Diözesanzeitschrift veröffentlicht hat.

Fratel Leone fuhr einmal nach Triest, damals, als die Stadt noch zu Österreich gehörte. Und er erzählte, daß die alten Straßenbahnen dort einen großen Eindruck auf ihn gemacht hätten. Nicht wegen des unsäglichen Lärms, den sie machten, sondern wegen der unglaublich vielen Verbote, die man überall lesen konnte. Bevor er einstieg, bemerkte er, daß auf den beiden Außenseiten in großen Lettern geschrieben stand: „Bei laufendem Motor nicht ein- und aussteigen!“ Außer ihrer Größe von zirka eineinhalb Fuß eine sicherlich angebrachte und sinnvolle Ermahnung. Als er eingestiegen war, las er: „Nicht ausspucken!“ – eine wohl mehr als richtige Mahnung. „Entwertete Fahrkarten nicht auf den Boden werfen!“ – klar. „Nicht mit dem Fahrer sprechen!“ – ausgesprochen vernünftig. „Nicht fluchen!“ – bei Gott! „Betreten der vorderen Plattform verboten!“ – auch das mag angehen. „Das Anfassen der mechanischen und elektrischen Vorrichtungen ist verboten!“ Dazu sagte Fratel Leone: „Wer würde wohl je auf so eine Idee kommen? Mich überkam zum letztenmal die Lust, diese Vorrichtungen anzufassen, als ich dieses urkomische Verbot las.“ Und er fügte noch hinzu: „Der Geschmack der verbotenen Frucht ist so alt wie Adam. Die pädagogische Weisheit besteht darin, nur das zu verbieten, was wirklich unter gar keinen Umständen erlaubt werden kann.“ Und er kam dann zu folgendem Schluß: „Ich denke, daß auf den Lippen mancher wenig erleuchteter Erzieher das christliche Leben allzusehr jenen Triestiner Straßenbahnen ähnelt.“ Besonders den jungen Menschen gefällt doch kein mit lauter „Nein!“ überfrachtetes Leben, verrammelt und verriegelt zwischen Zäunen und Gittern, zwischen Jagdrevieren und Hindernissen jeglicher Art: Tu das nicht! Schau nicht dorthin! Faß das nicht an! Geh nicht dahin! Das ist schlecht und jenes noch schlechter! Der Jugendliche, der leben und einen gewissen Freiraum haben, der erobern will, empfindet dabei nur allzu deutlich die Symptome des Erstickens.

Der Leitspruch der heiligen Katharina von Siena lautete: „Handeln nützt immer“. Und der Mailänder Kardinal Ferrari sagte einmal: „Der sicherste Weg, dem Bösen zu entkommen, ist der, das Gute zu tun. Wenn wir den Jugendlichen das Gute uneingeschränkt vorleben, wird das Böse in ihrem Leben schließlich an Bedeutung verlieren.“

Leopoldo Mandić

Im Jahr seiner Wahl zum Papst, das gleichzeitig sein Todesjahr sein sollte, 1978, erinnert Luciani in einem Zeitschriftenartikel an das segensreiche Wirken des aus Kroatien stammenden Paters Leopoldo Mandić, der in Italien, vor allem in Padua, bis heute höchstes Ansehen genießt und als Heiliger des Beichtstuhls hochverehrt wird.

Das erste und einzige Mal, daß ich Pater Leopoldo begegnet bin, war in Belluno. Ich war damals ein junger Priester und machte gerade die heiligen Exerzitien. Während des Essens betrat plötzlich mein Bischof den Speisesaal, er unterbrach die Lesung und sagte: „Ich bin gekommen, um euch eine gute Nachricht zu überbringen. Pater Leopoldo, ein wahrer Heiliger, ist hier in Belluno. Wenn ihr wollt, ist er bereit, euch morgen die Beichte abzunehmen. Ich bitte euch, laßt euch diese Gelegenheit nicht entgehen!"
Ich habe auf meinen Bischof gehört und bin am folgenden Tag beichten gegangen. Pater Leopoldo hat mich angehört und mir den einen oder anderen Rat gegeben. Was mich jedoch sehr beeindruckte, war die Tatsache, daß er ein gerade neu erschienenes Buch über Askese bei sich hatte. Daran konnte man erkennen, daß er nicht einmal eine Minute zwischen einem Beichtkind und dem nächsten ungenutzt verstreichen lassen wollte, daß er sich ständig auf dem laufenden hielt und weiterbildete. Ein paar Jahre später starb Pater Leopoldo, und alle, mit denen ich über ihn sprach, sagten übereinstimmend: „Er ist ein Heiliger!"
In Rom habe ich als Bischof jemanden aus der Kongregation für die Heiligsprechungen getroffen, der mir sagte: „Ich muß meine Stimme in dieser Sache abgeben. Ja, ein großer Heiliger!" Und wenn man sein Leben betrachtet, dann versteht man es. Der Papst hat es verstanden und ihn seliggesprochen.

Sein Leben
Die ersten sechzehn Jahre seines 76 Jahre langen Lebens verbrachte er in Castelnuovo (Hercegnovi) in Dalmatien

bei seiner Familie. Einer Familie, der es früher einmal besser gegangen war – seine Vorfahren fuhren als Kapitäne für Venedig zur See. Mit sechzehn wurde er Mönch und blieb es sechzig Jahre lang. Sieben davon verbrachte er in Venedig, wo er auch die Priesterweihe empfing. Dann 52 Jahre im Priesteramt ... 33 davon in Padua. Als er nach Fiume (Rijeka) versetzt wurde, hat sich der Bischof von Padua sehr für seine baldige Rückkehr eingesetzt. Die Padovaner wollten ihn unbedingt behalten. 33 Jahre – und wo? Seht es euch an! Er saß dort in dem winzigen Beichtkämmerchen, ein Eispalast im Winter, ein Backofen im Sommer. Dort ist er heilig geworden. Dort blieb er unermüdlich, zehn, zwölf, manchmal bis zu achtzehn Stunden am Tag, um die Büßer zu empfangen. Ihr wißt, man kann nicht zur Heiligkeit gelangen, wenn man nicht in bestimmten Dingen Jesus Christus nacheifert. Pater Leopoldo hat Jesus Christus nachgeeifert.

Kampf gegen die Sünde

Wie Christus bekämpfte er die Sünde, setzte sich mit dem Sünder auseinander. Jemand hat einmal zu ihm gesagt: „Pater Leopoldo, Ihnen, der Sie seit so vielen Jahren Beichte hören und mittlerweile alle Schattierungen des Bösen kennen, auf Sie macht doch die Sünde keinen Eindruck mehr." – „Was sagen Sie da, mein Herr? Wenn ich daran denke, daß die Menschen für lauter Dummheiten, für Lappalien ihre ewige Seligkeit aufs Spiel setzen, dann fange ich an zu zittern und kann mich nur noch darüber wundern." Er litt an der Sünde. Ein anderes Mal sagte ein verheirateter Mann zu ihm: „Pater, die Ärzte sagen mir, daß meine Frau in sehr großer Gefahr ist, wenn sie die Schwangerschaft austrägt. Sie empfehlen uns eine Abtreibung." – „Nein, um Gottes willen! Gott ist der Herr, und er will das nicht. Verlieren Sie nicht den Glauben, der Herr wird Ihnen helfen, glauben Sie!" Wieder ein anderes Mal kam ein Mann zu ihm, der sagte: „Ich bin nicht gekommen, um zu beichten, ich möchte Ihnen nur von den Qualen berichten, die mich bedrücken. Wissen Sie, es war so: Ich habe einen Priester daran gehindert, zu einem sterbenden Freund zu kommen, und er ist ohne Sakramente gestorben." – „Was haben Sie getan, mein Sohn! Sie haben nicht an das ewige Leben gedacht. Was haben Sie nur getan!" – und er begann zu weinen. Tränen kollerten über seinen weißen Bart. Bei diesem Anblick war der Mann so gerührt, daß auch er weinte. Und dann legte er die Beichte ab.

Erbarmen mit den Sündern

Wie Jesus verabscheute Pater Leopoldo die Sünde, genau das Gegenteil aber empfand er für die Sünder. „Bei ihm, bei Pater Leopoldo, war es fast schon eine Sünde, keine Sünde zu haben", hat jemand über ihn geschrieben. Wie einen Bruder, wie einen Freund empfing er den Sünder, und deshalb fiel es nicht schwer, bei ihm zu beichten. Einmal kam ein Mann zu ihm, der zwanzig Jahre nicht mehr zur Beichte gegangen war. Nachdem er seine Sünden aufgezählt hatte, stand Pater Leopoldo auf, nahm seine Hände und bedankte sich: „Danke, danke, daß Sie zu mir gekommen sind, daß ausgerechnet ich es sein durfte, der Ihre Reue nach so vielen Jahren erleben konnte." Er war es, der sich bedankte! So ermutigte er die Leute, und sie gingen gerne zu ihm. Er war wirklich ein Spiegel der Güte Gottes.

Ihr wißt, wir alle sind Sünder, und das wußte auch er sehr gut. Diese unsere traurige Realität muß man zur Kenntnis nehmen: Niemand kann auf die Dauer Fehler vermeiden, seien es große oder kleine. „Wenn du einen Esel hast", sagte der heilige Franz von Sales, „und mit ihm unterwegs bist und er stolpert über ein schadhaftes Straßenpflaster, was solltest du dann tun? Du gehst ja wohl nicht mit dem Knüppel zu ihm und schlägst ihm die Rippen ein. Der Ärmste ist schon gestraft genug. Du mußt ihn vielmehr am Halfter nehmen und sagen: ‚Komm, steh auf, laß uns die Straße weiterziehen. In Zukunft werden wir eben besser aufpassen.' Hilf ihm, auf den richtigen Weg zurückzukehren, wenn er gefallen ist." Das ist das System von Pater

Leopoldo, und an diesem System hat er unbeirrt festgehalten. Ein Priester, ein Freund von mir, der zum Beichten zu ihm ging, hat gesagt: „Pater, Sie sind zu großherzig. Ich beichte gerne bei Ihnen, aber ich glaube, Sie sind zu gutmütig." Pater Leopoldo darauf: „Wer ist großherzig, mein Sohn? Gott ist großherzig. Nicht ich bin für die Sünder gestorben, der Herr hat es getan, er ist für die Sünder gestorben. Wie kann man großherziger sein, als er es mit den Straßenräubern und all den anderen war?"

In der Gnade Gottes

Der heilige Alfons hat geschrieben: „Jemand, der nicht zuerst Gott vor den Menschen bekennt, kann nicht gut den Menschen vor Gott die Beichte abnehmen." Sehr richtig. Wenn jemand in seinem Inneren leer ist, wenn er den Herrn nicht von ganzem Herzen aufrichtig liebt, dann kann er sich zwar in den Beichtstuhl setzen, aber was hat er zu geben? Nur die Absolution. Um mehr geben zu können, ist es unumgänglich, daß er in der Freundschaft des Herrn lebt und sie besitzt. Pater Leopoldo ist insofern ein Heiligender für andere Menschen gewesen, weil er zuerst ein Geheiligter war, einer, der sich hat heiligen lassen. „Gott ist der Herr", sagte er immer, „der segensreiche Herr". Er fühlte sich wirklich ganz klein vor Gott, aber er wußte auch, daß er nur dann etwas galt, wenn er durch das Gebet mit ihm verbunden war.

In seiner Lebensbeschreibung habe ich gelesen, daß er sich dazu gezwungen hat, nur vier Stunden am Tag zu schlafen. Das bedeutet ein wahrhaft heldenhaftes Opfer. Und wie er es dargebracht hat! Wie viele Gebete, wie viele Besuche beim allerheiligsten Sakrament! Er sprach wirklich mit Gott. Er sprach wenig mit den Menschen, umso mehr aber mit dem Herrn. Er spürte, daß er allein war, aber er wußte sich von Gott geliebt. Wir alle müßten das auch fühlen. Pater Leopoldo hat die liebende Gnade und Güte Gottes vollständig verinnerlicht.

Für die Brüder im Osten

Als er noch in Jugoslawien war, hatte er von Kindheit an die Katholiken auf der einen und die Orthodoxen auf der anderen Seite gesehen – mit all ihren Unstimmigkeiten in der Lehre und im täglichen Leben. Schon damals als junger Mensch hat er sich gesagt: „Mein ganzes Leben lang will ich für die Einheit von Katholiken und Orthodoxen arbeiten.“ Um Missionar werden zu können, hat er verschiedene slawische Sprachen gelernt. In Venedig hat er, ebenfalls im Hinblick auf den Osten, seinen Mitbrüdern die kroatische Sprache beigebracht. Er wollte unbedingt in die Mission gehen; er bat inständig darum. Doch es wurde ihm nie gestattet, nie. Dann gab er auf und gehorchte. „Jeder Mensch“, schrieb er, „jede Seele, die meiner Arbeit bedarf, wird mein kleiner Orient, mein Missionsland sein.“ Beinahe wäre er ein kleiner heiliger Antonius geworden. Der ist nämlich von Portugal aus nach Afrika aufgebrochen – auch auf die Gefahr hin, dort den Märtyrertod zu sterben. Aber es wurde nichts daraus: Ein Sturm verschlug ihn an die Küste Siziliens, er mußte nach Italien gehen und landete schließlich in Padua. So auch Pater Leopoldo: Er wollte in den Osten gehen, statt dessen landete auch er in Padua. Sein Orient ist der kleine Beichtstuhl geworden.

Liebe zur Madonna und zum Papst

Neben dem Herrn liebte er vor allem die Madonna, die „gepriesene Herrin“, und nachdrücklich empfahl er ihre Verehrung. Die letzten Worte des Sterbenden waren: „O gütige, o milde, o süße Jungfrau Maria!“ Und er liebte die Kirche. Wer die Kirche nicht liebt, kann Gott nicht lieben. Kürzlich hat der Papst geschrieben: „Jesus Christus ist das Haupt, wir sind der Leib. Das kann man nicht voneinander trennen.“ Man kann nicht das Haupt für sich nehmen und sagen: „Ich will den Kopf, aber nicht den Leib.“ Der ganze Jesus Christus ist die Kirche. Welche Hochachtung brachte Pater Leopoldo der Kirche entgegen, seinem Orden mit seiner Regel, seinen Gelübden; immer war er

treu, auch in den schwierigsten Situationen, auch treu zu seinem Ordenskleid. Einem Priester aus Padua, einem Universitätsprofessor, hat er einmal gesagt: „Allein das würdevolle Tragen des priesterlichen Gewandes ist schon ein Apostolat ...“
Und welch hohen Respekt brachte Pater Leopoldo vor allem dem Papst entgegen. „Petrus hat gesprochen“, sagte er einmal, „das reicht, basta!“ Seine Mitbrüder berichten, daß er niemals den Papst erwähnte, ohne sich als Zeichen des Respekts das Käppchen abzunehmen. Das sind die Heiligen, die nachahmenswerten Vorbilder ...
Es gibt Priester, die nicht so sehr an die Beichte glauben und sagen: „Es genügt, wenn man ein- oder zweimal im Jahr beichten geht.“ Was tun sie da? Wie kann man ohne häufiges Beichten gut werden? Wir machen immer Fehler und bedürfen der Läuterung. Alle zwei bis drei Stunden wechseln Mütter ihren Kindern die Windeln. So ist es auch mit der Seele: Nicht einmal im Jahr, nicht zweimal, sondern so oft wie möglich beichten gehen!
Heute sagt man: „Ach, der Papst!“ Nein, jeder Katholik muß zum Papst stehen, wie es Pater Leopoldo getan hat, wie es die großen Heiligen getan haben. Der Papst ist der Stellvertreter Christi. Wer mit der Kirche fühlt, wer mit den Heiligen fühlt, wer mit dem seligen Pater Leopoldo fühlt, der muß mit dem Papst fühlen.
Der selige Pater Leopoldo hat den Papst immer als den einzigen unfehlbaren Vertreter Gottes auf Erden verehrt. Jetzt hat der Papst gesprochen und uns versichert, daß Pater Leopoldo im Paradies ist. Darum brauche man jetzt also nicht mehr zu beten. Statt dessen aber könne man sich an ihn wenden, um Gnaden zu erbitten. Vor allem aber sollte man sich bemühen, dem großartigen Beispiel seines guten und heiligen Lebens nachzufolgen.

Martin von Tours

Zum Fest des heiligen Martin hielt der Patriarch von Venedig im Jahre 1971 einen Vortrag in Belluno über diesen wahrhaft europäischen Heiligen.

Der heilige Martin war noch nicht getauft, sondern nur ein jugendlicher Sympathisant des Christentums. Er war römischer Soldat und machte gerade seine Runde, als er – mitten im tiefsten Winter – auf einen halbnackten Bettler stieß. Geld hatte er keines. Aber er zog seinen Mantel aus, trennte mit dem Schwert das Pelzfutter heraus und gab es dem Armen. In der darauffolgenden Nacht sah er im Traum Christus, mit seinem Militärpelz bekleidet, der zu den Engeln sagte: „Martin gefällt mir. Obwohl noch nicht einmal Katechumene, hat er mich mit diesem Mantel bekleidet ..."

Die Bischofsweihe des heiligen Martin vollzog sich auf ganz einzigartige Weise. Er war schon Priester und lebte seit zehn Jahren in Ligugé, dem ältesten von ihm gegründeten europäischen Kloster. Dort verbrachte er seine Tage als Mönch, betätigte sich aber auch als Missionar auf dem Lande. Als eines Tages der Bischof der nahegelegenen Stadt Tours im Sterben lag, dachte man sofort an Martin, der im Ruf eines Heiligen stand, eines Apostels, eines Wundertäters, der Heilungen bewirkte. Aber Martin wollte einfacher Mönch und Priester bleiben. Da stellten sie ihm eine Falle: Ein gewisser Rusticus taucht plötzlich bei ihm auf und bittet ihn, zu seiner kranken Frau zu kommen und sie zu heilen. Wie es immer seine Art war, wenn es um Werke der Nächstenliebe ging, erhebt sich Martin bereitwillig und macht sich sofort auf den Weg, aber auf halber Strecke gerät er in den Hinterhalt. Eine Gruppe von Christen aus Tours bildet einen Kreis um ihn und geleitet ihn so mit großer Eskorte in die Stadt. Hier allerdings treten gewisse Schwierigkeiten auf. Einer der aus den benachbarten Städten wegen der Weihe angereisten Bischöfe rümpft die Nase und fragt: „Wie soll denn so ein erbärmlicher Mensch Bischof werden, schlecht gekleidet und ungekämmt, wie er ist?" Der Widerstand des Würden-

trägers wird jedoch von der Begeisterung des Volkes regelrecht hinweggefegt, und Martin empfängt die Weihe. Besonders befolgte er das Gebot der Nächstenliebe als oberstes Gesetz. Der mit dem Bettler geteilte Mantel ist davon kaum mehr als ein anfängliches Zeugnis. Als er noch Offizier der kaiserlichen Wache war, hatte er einen Sklaven als Diener. Damals war das so üblich, er konnte ihn nicht einfach entlassen, aber er behandelte ihn stets als Bruder und putzte ihm sogar die Schuhe. Als Bischof wurden ihm die Behausungen der Armen, der Bedrängten, der Hilflosen zu seinen eigenen. Besonders am Herzen aber lagen ihm die Bauern, die noch keine Christen waren.
Heute hat man vielfach den Eindruck, die Religion sei in erster Linie eine Sache der ländlichen Bevölkerung. Zur damaligen Zeit war es genau umgekehrt: Die Städter waren Christen, während die Landbevölkerung mit ihren seit alters hergebrachten heidnischen, an die Scholle, die Mythen, den Aberglauben gebundenen religiösen Formen dem Christentum Bollwerke des Widerstands entgegensetzte. Martin packt diese alles andere als leichte Aufgabe mutig an: Auf dem Rücken eines Esels, mit einem Boot oder zu Fuß reist er in Begleitung einer Gruppe von Mönchen und Geistlichen von Dorf zu Dorf. Er kann mit den einfachen Leuten umgehen und versteht es, sich durch das Feuer seiner glühenden und derben Sprache Gehör zu verschaffen. Wie der heilige Bonifatius in Deutschland ergreift er manchmal auch selber die Axt mit beiden Händen, fällt heilige Bäume und reißt Götzenbilder und Tempel nieder. An ihrer Stelle erbaut er Kirchen, gründet Pfarreien und errichtet da und dort Gemeinschaften von Mönchen und Nonnen, die zu Zentren der geistigen Erleuchtung heranwachsen sollten. In ganz besonderer Weise bemüht er sich, Priester auszubilden, sie zu ermutigen und anzuleiten. Das Kloster von Marmontier, in dem er als Bischof lebt, ist – das kann man wohl so sagen – ein Seminar „ante litteram“: Seine wiederholten Besuche in den Gemeinden, um sie zu

stärken und zu festigen, sind ein typischer Fall von Pastoralvisitationen, schon vor Jahrhunderten vorweggenommen ...
Mit Gewalt wird er in unruhigen Zeiten zum Bischof gemacht. Siebenundzwanzig Jahre lang leistet er daraufhin seinen Dienst mit einem Mut und einer inneren Heiterkeit, die seine Zeitgenossen stark beeindrucken. Er hat keinerlei Hemmungen, hohen Funktionären und sogar dem Kaiser gegenüber seinen Kopf durchzusetzen, wenn es darum geht, die Schwachen zu beschützen und der Gerechtigkeit zum Sieg zu verhelfen. Sulpicius Severus berichtet zum Beispiel, daß auf Anordnung des Grafen Avitianus zahlreiche Menschen grausam gefoltert und zu Tode gebracht werden sollten. Am Tag davor wurden sie in einer langen und traurigen Kolonne gefesselt nach Tours gebracht. Um Mitternacht begibt sich der Heilige in das Haus des Grafen und rührt sich nicht eher von der Stelle, bis er den Befehl zur Haftentlassung aller in den Händen hält.
Um Notleidenden zu helfen, unternimmt er eigens eine Reise von Tours in die Stadt Trier, dem Sitz des Kaisers Valentinian, der sich jedoch weigert, ihn zu empfangen. Martin paßt den richtigen Moment ab und betritt ohne Genehmigung die kaiserlichen Gemächer. Der Herrscher begegnet ihm gereizt und verärgert, er erhebt sich nicht einmal von seinem Platz. Als Martin aber den Palast verläßt, hat er das erreicht, was ihm so am Herzen lag. Das und sogar noch mehr, ein Zeichen der Hochachtung und Verehrung seitens des Kaisers.
Sein einfaches Leben ist für so manchen ein Ärgernis, Feindschaft und Verfolgung muß er deswegen erleiden. Doch geradlinig geht er seinen Weg. Von Querelen durch einen gewissen Bricius geplagt, sagt er: „Wenn Christus Judas ertragen hat, warum sollte ich nicht Bricius ertragen?"
Ein der Irrlehre beschuldigter Abtrünniger war zur Zeit Martins der spanische Bischof Priscillian. Der Kaiser machte ihm den Prozeß, und Priscillian wurde verurteilt.

Es gefiel Martin nicht, daß Religionsprozesse vor weltlichen Gerichten verhandelt wurden, ja schlimmer noch, daß sie oft mit der Todesstrafe endeten. Er eilte nach Trier und protestierte gegen die übertriebene Verbindung von Kirche und Staat. Und er erreichte schließlich vom kaiserlichen Hof eine Aussetzung des Prozesses. Trotz aller Versprechungen wurde Priscillian dann aber leider doch hingerichtet. Auch auf die Gefahr hin, selber unter Häresieverdacht zu geraten, eilte Martin abermals nach Trier und konnte erreichen, daß zumindest keine weiteren Todesurteile mehr gefällt wurden – ein Vorkämpfer der Religionsfreiheit.
Noch zu Martins Lebzeiten schrieb sein Schüler und Freund Sulpicius Severus seine Lebensgeschichte auf, die sofort ein „Bestseller" in ganz Europa wurde. In Rom fand das Buch reißenden Absatz: „Noch nie", sagten die römischen Buchhändler, „hat sich ein Buch schneller und zu einem besseren Preis verkaufen lassen." Gemeinsam mit dem heiligen Silvester wurde dem heiligen Martin als erstem Nicht-Märtyrer die Ehre zuteil, auf Heiligenbildern dargestellt zu werden. Allein in Frankreich sind ihm mehr als viertausend Kirchen geweiht, und 485 Ortschaften tragen seinen Namen.

Johann Nepomuk Neumann

In einem Brief vom 14. Oktober 1963 an den Leiter der Katholischen Aktion seiner Diözese berichtet Luciani, der als Bischof von Vittorio Veneto gerade am Konzil teilnimmt, aus Rom von der Seligsprechung des einstigen Bischofs von Philadelphia.

Am Sonntagabend habe ich an der Seligsprechung von Johann Nepomuk Neumann teilgenommen, eines Mannes aus Böhmen, der vor mehr als hundert Jahren Bischof von Philadelphia in den Vereinigten Staaten war. Der Petersdom war taghell erleuchtet und voller Menschen. Und während ich nach oben schaute und sein gemaltes Porträt in der sogenannten „Glorie" des Bernini ansah, fragte ich mich: Wäre er auch dann da oben angekommen, wenn er nicht einen solchen Vater gehabt hätte?

Als sechzigjähriger Bischof erinnert sich der Selige: „Als kleiner Junge habe ich einmal gelogen und meine Schwestern eines Vergehens beschuldigt, das einzig und allein auf meine Kappe ging. Papa schaute mich derart an und sprach in aller Ruhe so eindringlich mit mir, daß ich es niemals vergessen habe. Seine Worte brennen immer noch in mir, und diese Lüge ist die letzte in meinem Leben gewesen."

Diese Worte und Ermahnungen wurden vom guten Beispiel des Vaters begleitet. Schon um fünf Uhr morgens war er auf den Beinen, sowohl im Winter wie im Sommer; unermüdlich arbeitete er und leitete seine kleine Strumpffabrik. Aber vor der Arbeit gab es ein andächtiges und inbrünstiges Gebet, und jeden Abend wurde der Rosenkranz gebetet. Als Familienoberhaupt, sozusagen als Bischof seines Hauses, war er der Vorbeter, anschließend las er aus dem Leben der Heiligen, während seine Frau, die Haushälterin und die sechs Kinder um den Tisch saßen. Häufige Almosen für die Armen, und wehe, jemand kritisierte einen anderen im Haus! „Denken wir an unsere eigenen Fehler!" pflegte er zu sagen und unterband damit jeglichen Tratsch.

Seine Heiligkeit hat der selige Neumann den außerordentlichen Gnadengaben zu verdanken, die der Herr ihm gewährte, auch seinem entbehrungsreichen persönlichen Bemühen. Den Wunsch aber, den Anstoß dazu, das Saatgut der Heiligkeit – all das hat er zu Hause empfangen, in dem von glühender Gottesliebe und Frömmigkeit durchtränkten Klima, das sein Vater zu schaffen wußte.

Paul VI.

Seinem Vorgänger auf dem Papstthron fühlte sich Luciani besonders verbunden. Das geht aus vielen seiner Äußerungen hervor, vor allem aus denen anläßlich des Hinscheidens dieses großen, aber vielfach verkannten Papstes im Sommer 1978.

Für mich ist der wahre, der authentische Paul VI. der gewesen, den wir Venezianer 1972 gesehen und gehört haben: über alle Probleme genauestens informiert, mit viel Taktgefühl ausgestattet und mit der politischen Genialität, sie einleuchtend darzulegen. Es ist jener Papst, dem ich bei den Privataudienzen begegnet bin: keineswegs niedergeschlagen und pessimistisch, wie er bisweilen geschildert wurde, sondern optimistisch, lächelnd und sogar manchmal zu Scherzen aufgelegt. Ein großer Papst in meinen Augen, der allerdings seine Sendung in einer schweren Zeit erfüllen mußte.

Kardinal Höffner hat über ihn geschrieben: „Du bist mit Dornen gekrönt worden." Und Arturo Carlo Jemolo: „Paul VI. ist ein Märtyrer, der – nach dem Willen Gottes – einen der schmerzvollsten Pontifikate, den die Geschichte kennt, auf sich genommen hat, denn es handelt sich um den Niedergang einer Gesellschaft, die sich einstmals auf der moralischen Grundlage des Christentums gebildet hatte." Und noch eindringlicher Kardinal König aus Wien: „Die Zeiten sind dermaßen schwierig, daß es beim nächsten Konklave nötig sein wird, einen Stock zu benutzen, um einen der Kardinäle dazu zu bewegen, die Leitung der Kirche zu übernehmen." Zu Beginn des II. Vatikanischen Konzils gewählt, hat er dieses Konzil zu Ende führen müssen. Hinzu kam die schwierige Aufgabe, es im Anschluß daran in der Praxis mit Leben zu erfüllen. Das hat drei Dinge in besonderer Weise von ihm erfordert: eine ungebrochene und verpflichtende Lehrtätigkeit, eine in vorkonziliaren Zeiten unbekannte Dialogbereitschaft und die Treue zum Konzil selbst ...

„Wie willst du genannt werden?" wurde er vor fünfzehn

Jahren am Ende des Konklaves gefragt. „Ich werde mich Paulus nennen."
Wer ihn kannte, der hätte geschworen, daß er gerade diesen Namen wählen würde. Schon immer war Montini ein großer Verehrer der Schriften, des Lebens, der Dynamik des großen Völkerapostels gewesen. Und er lebte seine „Paulinität" zur Gänze und bis zum Letzten. Am vergangenen 29. Juni sprach er über die fünfzehn Jahre seines Pontifikats, und er machte die Worte des auch kurz vor seinem Ende stehenden Paulus an Timotheus zu seinen eigenen: „Ich habe den guten Kampf gekämpft, den Lauf vollendet, den Glauben bewahrt" (2 Tim 4,7).
Den Glauben zu bewahren und zu verteidigen stand an erster Stelle seines Pontifikats. In der Krönungsansprache am 30. Juni 1963 hatte er gesagt: „Wir werden die heilige Kirche gegen alle Irrtümer in der Lehre und den Bräuchen verteidigen, die innerhalb und außerhalb ihrer Grenzen ihre Integrität bedrohen und ihre Schönheit verschleiern." Der heilige Paulus hatte an die Galater geschrieben: „Wer euch ein anderes Evangelium verkündet, als wir euch verkündet haben, der sei verflucht, auch wenn wir selbst es wären oder ein Engel vom Himmel" (Gal 1,8). Als Engel in unseren Zeiten könnten die Kultur, die Modernität sowie die Anpassung an den Zeitgeist („aggiornamento") angesehen werden, alles Dinge, die Papst Paul sehr viel bedeuteten. Wenn sie ihm aber im Gegensatz zum Evangelium und seinen Lehren zu stehen schienen, dann sagte er kompromißlos: Nein. Es genügt, auf die Enzyklika „Humanae vitae" zu verweisen, auf sein „Credo des Gottesvolkes", auf seine Position gegenüber dem Holländischen Katechismus, auf seine eindeutige, bejahende Stellungnahme hinsichtlich der Existenz des Teufels. Irgendwer hat einmal gesagt, „Humanae vitae" sei ein Selbstmord Pauls VI. gewesen, der Zusammenbruch seiner Popularität und der Beginn wilder Kritik. In gewissem Sinne ist das richtig, aber er hatte das vorausgesehen und – immer im Einklang mit dem heiligen Paulus – gesagt: „Geht es mir denn um die Zustimmung der

Menschen, oder geht es mir um Gott? Suche ich etwa den Menschen zu gefallen? Wollte ich den Menschen gefallen, dann wäre ich kein Diener Christi“ (Gal 1,10).
Über sich selber hat der heilige Paulus gesagt: „Ich bin mit Christus gekreuzigt worden“ (Gal 2,19). Paul VI. bekannte: Vielleicht hat mich der Herr zu diesem (päpstlichen) Dienst berufen, nicht weil ich gewisse Fähigkeiten hätte und auch nicht, damit ich die Kirche regiere und sie aus ihren gegenwärtigen Schwierigkeiten herausführe, sondern damit ich gewissermaßen unter der Kirche leide und damit klar wird, daß Er sie führt und rettet und nicht etwa andere.“ Und er sagte weiter: „Der Papst leidet Qualen, die ihm vor allem durch die eigene menschliche Unzulänglichkeit bereitet werden, mit der er sich in jedem Moment konfrontiert sieht und die sich fast im Konflikt mit der enormen und unendlichen Last seiner Pflichten und seiner Verantwortung befindet.“
Die Korinther fällten über Paulus folgendes Urteil: „Seine Briefe sind wuchtig und voll Kraft, aber sein persönliches Auftreten ist matt, und seine Worte sind armselig“ (2 Kor 10,10). Wir alle haben Paul VI. im Fernsehen oder auf Fotos gesehen, wie er den Patriarchen Athenagoras umarmte: Er stand da wie ein Kind, das in dessen Armen fast verschwand, den gewaltigen Bart eines Riesen vor der Stirn. Auch als er sprach, war seine Stimme eher düster, selten nur ließ sie etwas von den Überzeugungen und dem Enthusiasmus durchschimmern, die in ihm brodelten. Aber sein Denken! Und die Schriften! Die waren leuchtend klar, eindringlich, tiefschürfend und plastisch. „Die Völker des Hungers“, schrieb er beispielsweise, „rufen heute auf dramatische Weise die Völker des Überflusses an. Die Kirche erschrickt vor diesem Schrei der Not und fordert jedermann auf, dem eigenen Bruder in Liebe zu antworten.“ Fortschritt ja, hat er gesagt, aber vollständig und ohne Abstriche.
Aber der heilige Paulus ist in erster Linie der Apostel der Heiden gewesen, die zur damaligen Zeit im Gegensatz zu den Juden standen. Für sie hat er gekämpft – trotz des

Unverständnisses der anderen Apostel, für sie ist er umhergereist und hat viel gelitten. „Fünfmal erhielt ich von den Juden die neununddreißig Hiebe", schrieb er, „dreimal wurde ich ausgepeitscht, einmal gesteinigt, dreimal erlitt ich Schiffbruch, einen Tag und eine Nacht trieb ich auf hoher See. Ich war oft auf Reisen ..." (2 Kor 11,24–26). So wie er hat Paul VI. 130.000 Kilometer mit dem Flugzeug zurückgelegt: Palästina, Indien, die Vereinten Nationen, Fatima, die Türkei, Kolumbien, Afrika, der Ferne Osten – das waren die wichtigsten Ziele seiner Reisen. Sie haben vielleicht keine Bekehrungen bewirkt, aber sie haben Zeugnis abgelegt von der Nähe der Kirche zu den einzelnen Völkern und ihren Problemen.

Eine weitere Nähe, die Paul VI. gesucht hat, war die der Kontakte mit Regierungen atheistischer Ausrichtung. Ein delikater Punkt – oft ist der Papst deswegen kritisiert worden. Zweifellos war es ein Risiko, aber ein begrenztes und kalkuliertes Risiko. Begrenzt, weil er keines der im Evangelium grundgelegten Prinzipien aufgegeben hat. Kalkuliert, weil er den Vorteil der Religion suchte, wenn auch gelegentlich nur mit spärlichen Hoffnungen. Da war das Problem der zahlreichen Katholiken, die unter Regierungen leben, die sie verfolgen: Es ist ein Gebot der Stunde, daß der Papst ihnen Bischöfe schickt oder wenigstens versucht, ihnen einen kleinen Brosamen an Religionsfreiheit zu verschaffen.

Die Atheisten selber sind ein Problem: Es sind so viele, so viele! Kann die Kirche sich vor ihnen in sich selber verschließen? Der heilige Paulus schreibt: „Allen bin ich alles geworden, um auf jeden Fall einige zu retten" (1 Kor 9,22). Warum also soll man den Mut eines Papstes nicht bewundern, der etwas riskiert?

Im Archiv von Venedig existiert ein Briefwechsel zwischen dem Patriarchen Roncalli und dem Substituten Montini in Rom. „Der Papst", schreibt Roncalli in einem dieser Briefe, „wünscht sich einen gewissen Priester X nach Rom. Für Venedig ist es ein großes Opfer, ihn abzustellen, aber ich willige ein, weil man in der Kirche ‚weit-

sichtig und zukunftsorientiert' nach vorne schauen muß."
Danke, erwidert ihm Montini. Danke für den überlassenen Priester, und danke für das „weitsichtig und zukunftsorientiert".
Brüder und Schwestern, kein Mensch ist vollkommen. Auch Paul VI., um den wir jetzt so sehr trauern, hat vielleicht einiges nur unvollkommen gemacht. Aber ich habe dennoch den Eindruck, daß er, ein hochgebildeter Mann und beispielhafter Priester, als Papst „weitsichtig und zukunftsorientiert nach vorne" geschaut hat. Wir fühlen, daß mit ihm der Hauch des Heiligen Geistes die Kirche und die Welt gestreift hat. Die Geschichte nach uns wird zu ihrer Zeit die große Gestalt Pauls VI. daraus hervorheben.

Pierre l'Ermite

Luciani hatte ein Faible für das Apostolat des geschriebenen Wortes. Daher ist es nicht verwunderlich, daß er besonders von Leuten angetan war, die es darin zur Meisterschaft gebracht hatten. So wie der französische Priester und Volksschriftsteller Edmond Loutil, bekannt unter dem Pseudonym Pierre l'Ermite. Ihm widmet er im Oktober 1943 in der Zeitschrift „Amici del Seminario Gregoriano" einen kleinen Artikel.

Er hatte einen Traum ... Ja, einen kleinen, süßen menschlichen Traum, der sein kindliches Herz erfüllte und seine Phantasie anregte.

Wenn sich im Hof des Kollegs die älteren Schulkameraden trafen, die nun schon Zöglinge der Akademie von Saint-Cyr waren, mit ihren schmucken Uniformen und dem Helm auf dem Kopf, dann blickte er voll Sehnsucht nach ihnen und sagte sich: „In zwei Jahren wirst auch du soweit sein!"

Aber er blickte auch im Sprechzimmer nach den hübschen Schwestern seiner Freunde und sagte sich: „Vielleicht wird in einigen Jahren die dort meine Frau sein."

Die zwei Jahre vergingen. Alle Examen wurden glänzend bestanden ... Doch gerade zu diesem Zeitpunkt begann er Blut zu spucken, jeden Abend Fieber, Schweißausbrüche die ganze Nacht ... Ängstlich versuchte er im Gesicht des Arztes zu lesen, doch es blieb verschlossen, undurchschaubar.

Eines Abends aber sieht er im Spiegel, wie der Arzt eine bezeichnende Grimasse zieht. Nun will er Genaueres wissen. Er wartet, bis der Krankenwärter sich entfernt hat, schlägt die Glastür des Aktenschrankes ein und macht sich über seine Krankengeschichte her.

O weh! Aufgegeben – oder zumindest fast!

Er will eine Bestätigung. Ein Freund macht gerade sein medizinisches Praktikum im Hospital, er sucht ihn auf und sagt zu ihm: „Hör einmal, was sagst du zu folgendem Fall: Ein junger Mann um die zwanzig spuckt am laufenden Band Blut, hat jeden Abend Fieber und Schweißausbrüche ..."

Der Freund läßt ihn nicht einmal ausreden: „Der ist verloren ... Komm her, komm, schau dir den Lungenkranken auf Nummer 27 an. Das ist genau so ein Fall, wie du ihn mir beschrieben hast."
Der junge Assistent läßt durchblicken, daß dieser Kranke auf Nummer 27 mit seinen angegriffenen Lungen zum Tode verurteilt ist. „Er hat genau das, was du sagst: Blutspucken, Fieber, ständiges Schwitzen ..."
„Dann bin auch ich zum Tode verurteilt ..."
„Wie? Es handelt sich um dich? ... O mein armer Freund!"
Der „arme Freund" läßt am folgenden Tag zwei Dinge erledigen: Erstens sperrt er alle seine mathematischen Bücher in eine Kiste; zweitens schreibt er an den Regens des Seminars von Paris und bittet ihn um die Zulassung zum Theologiestudium. Denn er hatte sich gesagt: Ich will die wenige Zeit meines Lebens, die mir noch bleibt, bestmöglich nützen. Im Seminar werde ich mich wenigstens auf einen guten Tod vorbereiten können.
Aber er starb keineswegs; nach zwei Jahren Kampf gegen die Krankheit tritt eine entscheidende Besserung ein; die Kräfte kehren zurück, er wird wieder gesund. Er beendet das Theologiestudium, wird Priester und macht sich an die Arbeit.
So wurde er, gleichsam zu seinem Leidwesen, statt Offizier ein Priester. Statt einer Garnison hatte er eine der größten Pfarreien von Paris zu leiten. Statt Familienvater wurde er ein Seelenvater.
Und was für ein Priester! Was für ein Vaterherz!
Es schlägt noch immer, es ist Edmond Loutil, bekannt unter dem Pseudonym: Pierre l'Ermite. Im kommenden November wird er achtzig Jahre alt, er arbeitet noch immer mit großem Erfolg, mit Intelligenz und Begeisterung für die Jugend, und man sieht in ihm den Idealfall eines modernen Pfarrers.
In der Tat hat er in zwei der schwierigsten Pfarreien von Paris das katholische Leben auf wunderbare Weise reorganisiert. Jugendorganisationen, karitative Einrichtungen, kulturelle Veranstaltungen, Ferienlager, Pfarrsäle,

Kino ... nichts hat er unversucht gelassen für das Heil der Seelen.
Er lebt in einem furchtbaren Milieu, vielleicht dem schlimmsten auf der ganzen Welt; und doch behält er seinen Optimismus, sein Vertrauen. Er ist voll Eifer, voll Unternehmungslust und Energie; vor allem aber glaubt er an die Macht der Liebe, der Güte.
Er hat Vertrauen zur Familie und in die Pfarrei. Familie und Pfarrei! Das sind die beiden Institutionen, die den Christen auf das vollkommene Leben vorbereiten. Sie sind seiner Meinung nach unersetzbar.
Und er hat Vertrauen in die Presse, diese moderne und äußerst wirksame Waffe.
„Was würde der heilige Paulus tun, wenn er heute lebte?"
„Er wäre Journalist", hatte Kardinal Mercier einmal auf diese Frage geantwortet.
„Ach was, er hätte sich längst zum Chef einer Nachrichtenagentur aufgeschwungen", antwortet Pierre l'Ermite. Und er erklärt es so: „Der Apostel war ein Mann, der den Stier stets bei den Hörnern packte."
Er selbst versucht es ebenso zu machen: den Stier bei den Hörnern zu packen, immer die erfolgversprechendsten und wirksamsten Mittel anzuwenden. Und gerade deshalb schreibt er seit seinem 54. Lebensjahr immer wieder Novellen und Romane. Es sind Dutzende von Romanen und an die tausend Novellen. Das ist der Ort, wo er seine Kämpfe ausficht, hier zeigt er sein Priesterherz, das mit vollen Händen guten Samen sät ...
Wer liest schon seine Predigten? Alle aber lesen seine Romane, die in alle Sprachen übersetzt und in Millionenauflage gedruckt wurden. Als Pius XI. ihn beim Kongreß der katholischen Presse erblickte, konnte er nicht umhin, dem „tüchtigen und tapferen Pierre l'Ermite" in aller Öffentlichkeit ein dickes Lob auszusprechen.
Was aber wäre ohne jene Krankheit gewesen, ohne den großherzigen Entschluß, den Rest seines Lebens den anderen zu widmen?
Seht, das ist eine Berufung: Gott, der zu einem jungen

Mann sagt: Willst du deine kleinen Träume mir schenken? Willst du auf die menschliche Liebe, auf menschliche Größe verzichten? Willst du die Frau, die Karriere zurücklassen, um mit mir zu gehen – zu den Kleinen, den Armen, den Unwissenden?
Wenn der junge Mann keine Angst hat, wenn er ja sagt, wenn er die Augen schließt und seine Hände ausstreckt, um sich führen zu lassen, dann ist es geschehen: Wir haben einen Priester, einen Apostel mehr.

Gaston de Ségur

Als Vizerektor des Priesterseminars von Belluno veröffentlicht Luciani in der Zeitschrift, die er für Freunde und Wohltäter des Seminars herausgibt, immer wieder „Lebensbilder" von Persönlichkeiten, anhand derer er die verschiedenen Wege göttlicher Berufung aufzeigen will. Im November/Dezember-Heft des Jahrgangs 1941 ist es der französische Priester und Erbauungsschriftsteller Gaston de Ségur.

In der Burg von Nouttes war die Familie derer von Ségur zum Abendessen versammelt. Die Marquise und Herrin des Hauses, die wie gewöhnlich auf ihrem Ehrenplatz saß, hatte ihren Erstgeborenen bei Tisch vor sich, Gaston, den sie über alles liebte, der Priester war und als ein Heiliger und ein Segen für das ganze Haus betrachtet wurde.

Die Konversation, die nach dem anfänglichen Schweigen begann, drehte sich um verschiedene Themen, kam aber nur mühsam voran. Die Marquise bemerkte an jenem Abend nichts von der gewohnten spontanen und lebhaften Fröhlichkeit ihrer Kinder. Es schien so, als wären alle irgendwie bedrückt. Doch mitten während des Essens sieht sie plötzlich, wie Gaston sich von seiner Schwester helfen läßt, das Fleisch auf dem Teller zu zerteilen. Verwundert erhebt sie die Augen: „Was soll das?" Doch dann verschlägt es ihr die Rede. Statt des verständigen und liebevollen Blicks ihres Sohnes schaut sie in zwei tote Pupillen, denen die Blindheit jeden Glanz genommen hat. Und sie fällt in Ohnmacht.

Gaston de Ségur war mit 34 Jahren erblindet. Schon am Morgen jenes Tages hatte er die Brüder von seinem Unglück in Kenntnis gesetzt und sie gebeten, die schreckliche Nachricht vor der Mutter vorläufig geheimzuhalten, um sie erst langsam darauf vorbereiten zu können. Aber bei Müttern stellen sich gewisse Vorsichtsmaßregeln meist als unmöglich heraus.

Als die Marquise wieder zu sich kam, brach ein allgemeines Weinen und Wehklagen unter den Kindern um sie herum aus; nur ein einziger verlor die Ruhe nicht: der Blinde. Heiter und gelassen erschien er inmitten der

Seinen wie ein Engel, er fand Worte des Trostes für alle und leitete sie dazu an, den Willen Gottes zu respektieren. Er seinerseits respektierte ihn nicht nur, er dankte sogar dafür!
Sieben Jahre vorher hatte er die erste heilige Messe gefeiert. Und das war die Gnade, die er damals vom Herrn erfleht hatte: von einer sehr schmerzlichen Krankheit heimgesucht zu werden, die ihn jedoch nicht daran hindern sollte, für das Heil der Seelen zu arbeiten!
Jetzt, da sein Gebet erhört worden war, war er weit davon entfernt, darüber zu klagen, daß Gott ihn so beim Wort genommen hatte, und in einem Brief an einen befreundeten Bischof forderte er diesen auf, mit ihm gemeinsam dem Herrn zu danken, und zwar aus folgenden Gründen:

1. Die Blindheit ließ die Kardinalswürde und das Amt des Grand-Aumônier, die Pius IX. und Napoleon III. ihm zu verleihen übereingekommen waren, wie eine Seifenblase zerplatzen.
2. Die ängstlichen Sünder würden nun ohne Furcht bei ihm beichten, weil sie wüßten, daß er blind war und sie nicht erkennen würde.
3. Er hätte den Adelssitz verlassen, um sich ganz den Arbeitern, den Häftlingen, den Jugendlichen zu widmen, wie er es einst ersehnt hatte.

Und er begann, ohne Zeit zu verlieren: In seinem Haus nahm er Jugendlichen und Erwachsenen zu jeder Stunde die Beichte ab; er ließ sich an der Hand auf die Kanzel führen und predigte mit einem Herzen voll Güte, das in Gottesliebe entbrannt war; er diktierte seinem Sekretär Bücher, die in ganz Frankreich Verbreitung fanden und zuweilen auch in andere Sprachen übersetzt wurden. Den Rest seiner Zeit verbrachte er vor dem Allerheiligsten kniend in der Hauskapelle. Das alles 27 Jahre lang.
Ich habe in diesen Tagen die Lebensbeschreibung dieses blinden Priesters noch einmal gelesen. Sie ist mir wie eine

Poesie priesterlicher Güte und Milde erschienen. Was mich aber am meisten berührt hat, ist seine Berufung. Bis zu seinem 17. Lebensjahr wies absolut nichts darauf hin. Der Erstgeborene aus einer der vornehmsten Familien Frankreichs ins Seminar? Seit wann gibt es denn so etwas! „Wir werden aus ihm den ersten Paladin der Christenheit machen!" hatte sein Großvater mütterlicherseits gesagt, als man ihm von seiner Geburt berichtet hatte. Und der Vater hatte die Diplomatenlaufbahn für ihn vorgesehen, und man gab sich die längste Zeit alle Mühe, ihm eine glänzende Karriere zu eröffnen.

Gaston selber neigte, wenn überhaupt, eher zur Malerei. Er war äußerst geschickt im Zeichnen. In der Schule drängten sich die Kameraden um ihn: „Gaston, machst du mir eine Zeichnung? Malst du ein Bild von mir? Schenkst du mir diese Karikatur?" Auch wenn die Lehrer über die Vernachlässigung des Studiums Klage führten, anerkannten sie doch sein künstlerisches Talent und prophezeiten ihm große Erfolge auf diesem Gebiet.

Den Maler sah man also schon seit den ersten Jahren in ihm, aber von einer priesterlichen Berufung keine Spur. Und wenn es eine solche Spur gegeben hätte, so hätten elf Jahre Aufenthalt in einem Internat, aus dem die Religion gleichsam verbannt war, scheinbar genügen müssen, um sie für immer zu verwischen.

Doch nein. Die Berufung war da, und Gott ließ sie auf sehr sanfte und zarte Weise aufblühen. Nachdem er das Internat hinter sich gebracht hatte, traf Gaston während der Ferien, die seiner Inskription an der Universität vorausgingen, zu Hause seine Großmutter, eine Gräfin, die aus Rußland gekommen war, um einige Monate bei ihrer Tochter und den Nichten und Neffen zu verbringen. Sie war eine große Dame. Nachdem sie von der orthodoxen zur katholischen Kirche übergetreten war, hatte sie unsere Religion mit der Leidenschaft eines Gelehrten studiert und lebte sie in der Tugendhaftigkeit von Heiligen. Sie kannte die Kirchenväter, las die Heilige Schrift in Hebräisch, vor allem aber war sie fromm, sanftmütig und mild-

tätig. Sie brillierte durch ihren Geist, ihre Bildung und ihren Scharfsinn. Gaston war von ihr fasziniert. Er hätte ihr den ganzen Tag lang zuhören können, und er ließ sich in allem von der Großmutter leiten: Auf ihr Anraten hin ging er wieder zu den Sakramenten, was er sich schon längst abgewöhnt hatte; er wandte sich ernsthafter Literatur zu, und bereits nach wenigen Monaten war er so verändert, daß seine Brüder nur so staunten.
Er selbst jedoch war noch weit davon entfernt, an das Priestertum zu denken. Erst zwei Jahre später kam ihm zum erstenmal dieser Gedanke. In der Zwischenzeit besuchte er regelmäßig das Hospital, um als Mitglied der Vinzenz-Gemeinschaft den Kranken ein wenig Trost zu spenden.
„Gehen Sie doch einmal auf Nummer 39!“ sagte eine Schwester zu ihm. „Dort liegt ein Schwindsüchtiger, der nicht mehr lange zu leben hat. Der Hausgeistliche, andere Schwestern und ich haben alles versucht, um ihn zum Beichten zu bewegen. Er hat uns allen den Laufpaß gegeben. Er wird auch Sie wegschicken. Aber probieren Sie es! Man muß immer alles versuchen, wenn es um eine Seele geht.“
„Ach, wissen Sie, ehrwürdige Mutter, mir macht es nichts aus, wenn er mich wegschickt. Aber beten Sie, während ich hingehe, ein Ave Maria!“
Und er ging – von Bett zu Bett. Schließlich kam er zu Nummer 39. Sein Herz schlug ihm bis zum Hals, während er sich dem Kranken näherte. Dieser schaute ihn an, ohne ein Wort zu sagen.
„Haben Sie große Schmerzen?“ – begann Gaston.
Keine Antwort.
„Brauchen Sie etwas? Kann ich etwas für Sie tun?“
Keine Lippenbewegung, aber das Gesicht zuckte – ein Zeichen der Irritation.
Der junge Gaston geriet in Verlegenheit. Doch er ließ sich nicht entmutigen. Er neigte sich über den Kranken und flüsterte ihm zu: „Haben Sie eine gute Erstkommunion gehabt?“

Diesmal schien der Kranke betroffen zu sein, und er antwortete: „Ja, mein Herr."
„Und waren Sie an jenem Tag nicht glücklich?"
„Doch, mein Herr" – und er war wieder sichtlich bewegt.
Gaston erfaßte seine beiden Hände: „Würde es Ihnen nicht gefallen, diesen Tag nochmals zu erleben? Sich wieder so gut, so rein und als Freund Gottes zu fühlen wie damals? Das ist durchaus möglich! Es genügt, daß Sie es wollen. Der Herr ist Ihnen genauso wohlgesinnt wie einst; ja, er liebt Sie jetzt noch viel mehr, weil sie leiden und unglücklich sind ..."
Der Kranke begann zu weinen.
„Nicht wahr", fuhr Gaston fort, „Sie wollen beichten, Ihrer Seele Frieden verschaffen?"
„Ja", sagte der Kranke. Aber diesmal mit Nachdruck, und er legte seinen Arm um den Hals von Gaston.
Und Gaston erwiderte die Umarmung, als ob es sich um einen Bruder handelte; er weinte mit ihm Tränen der Freude, dann ging er und machte sich auf die Suche nach dem Geistlichen.
Doch es ist unmöglich, die Freuden des Apostolats zu verkosten und sich dann ihrem Zauber zu entziehen.
Im selben Jahr erlebte Gaston, wie eines seiner Bilder bei einer Ausstellung preisgekrönt wurde. Wenig später wurde er Botschaftsattaché, obwohl er erst kaum 21 Jahre alt war. Aber diese Dinge machten auf ihn keinen großen Eindruck mehr. Viel mehr war er gefesselt von der Stimme des Herrn, die er deutlich in seinem Herzen vernahm. Und er trat mit 22 Jahren in das Seminar von Saint-Sulpice ein.

Alojz Stepinac

Schon als Bischof der kleinen Diözese Vittorio Veneto hat Luciani seinen Blick über die engen Grenzen seines unmittelbaren Wirkungsbereiches hinaus auf die Weltkirche gerichtet. So auch, als er 1960 in seinem Diözesanblatt den Tod des kroatischen Märtyrer-Kardinals Stepinac kommentierte.

Das Römische Martyrologium ist eines der Gebetbücher der Kirche. Nur wenige kennen es, aber wer darin liest, dessen Herz wird von den Tugenden ergriffen, von denen dort die Rede ist: *Standhaftigkeit, Sanftmut* und *Vertrauen*.

Agnes, so heißt es da, war jung, schön und sehr reich; sie war fromm und sittsam. Den Zorn der Heiden zog sie auf sich, weil sie ihre Jungfräulichkeit Christus weihte, und so fiel ihr makelloses Haupt dem Schwert anheim.

Sebastian – ein glänzender Offizier, tapfer und tüchtig, seinem Kaiser treu ergeben. Aber es kam zutage, daß er ein Christ war. Da wurde er von unzähligen Pfeilen durchbohrt und schließlich mit dem Schwert getötet.

Der Diakon *Laurentius* ging ganz im Dienst für die Armen auf. Aber auch er war ein Christ und verlor daher schlußendlich sein Leben, indem er bei lebendigem Leib auf einem Rost verbrannt wurde. Und so läßt sich die Liste lückenlos durch die Jahrhunderte fortschreiben.

Kürzlich ist nun ein neuer Name hinzugekommen: Alojz *Stepinac.* Schon in jungen Jahren wurde er Erzbischof von Zagreb, einer der flächenmäßig größten Diözesen der Welt. Rastlos widmet er sich der Seelsorge und der Nächstenliebe. In diesen unendlich traurigen Jahres des Krieges und der inneren Unruhe verteidigt er die Juden und hilft den Verfolgten und Armen – ohne die eigenen Kräfte zu schonen und ohne Angst vor Risiken und Gefahren. Aber ein gewisser Tito, ein ehemaliger Partisan und nunmehriger Kommunist, ist der Meinung, daß Stepinac nicht unterwürfig genug ist, weil er es nicht zuläßt, daß auch nur ein kleines Stückchen der katholischen Lehre aufgegeben wird. Es kommt zum Prozeß, und Stepinac wird zu sechzehn Jahren Gefängnis verurteilt. Nach sechs

Jahren wird die Gefängnisstrafe zu Hausarrest in seinem Geburtsort umgewandelt. In diesem Haus stirbt er acht Jahre später an einer Lungenentzündung. Jahre, in denen er Tag und Nacht bewacht und von jeglichem Kontakt mit der Außenwelt abgeschnitten war. Ein Kardinal ohne Purpur, ein Märtyrer ohne Blut.

Standhaftigkeit, Sanftmut, Vertrauen – so sagte ich eben. *Standhaftigkeit,* weil ein glaubensstarker Mensch uns verlassen hat. An seinem Beispiel erfahren wir wieder einmal, daß die Kirche, der wir angehören keine Versammlung von Schwächlingen, sondern von Tapferen ist. Keine schlafende oder sanft dahinschlummernde Kirche, sondern eine, die wachsam und kämpferisch dem Weg ihres Gründers Jesus Christus folgt: Kaum geboren, wurde er schon von Herodes und seinen Schergen verfolgt. Als er anfing zu predigen, drängten sich die Pharisäer um ihn und tobten: „Warum ißt und trinkst du, statt zu fasten? Warum machst du keine Politik und errichtest nicht ein weltliches Reich?" Kurze Zeit später sind sie bei Pilatus und klagen ihn an: „Dieser Galiläer macht Politik!" Und sie finden keine Ruhe, ehe sie ihn nicht ans Kreuz geschlagen sehen. Aber selbst dann noch, nach seinem Tod, geben sie keinen Frieden, sondern sie fordern Siegel und Wachen für das Grab.

Die Geschichte Christi wiederholt sich in der Lebensgeschichte von Stepinac, so wie geschrieben steht: „Wenn sie mich verfolgt haben, werden sie auch euch verfolgen" (Joh 15,20). Die Geschehnisse um Christus und Stepinac erinnern uns daran, daß wir eine Berufung und eine Bestimmung haben, die uns Standhaftigkeit abverlangen: „So werden alle, die in der Gemeinschaft mit Jesus Christus ein frommes Leben führen wollen, verfolgt werden" (2 Tim 3,12).

Die *Sanftmut* besteht darin, daß Stepinac niemals im Gefängnis mit dem Finger auf seine Peiniger gezeigt und gedroht hat: „Der Tag wird kommen ...!" Ganz im Gegenteil, nie hat er sich beklagt, nie hat er sich beschwert, sondern er hat sich selber so gedemütigt, daß er alle um

Verzeihung bat, die er unfreiwillig gekränkt hat. So wie er unnachgiebig war in der Verteidigung seiner Prinzipien, so war er andererseits nachsichtig mit den Menschen: unversöhnlich gegenüber dem Kommunismus, barmherzig mit den Kommunisten.

Er befand sich in der Situation einer Mutter mit zwei Kindern, von denen eines plötzlich von der Pest befallen wird. Die Mutter liebt dieses Kind noch mehr als zuvor, weil es krank und unglücklich ist. Sie verabscheut die Pest, die eines ihrer Kleinen befallen hat und das andere bedroht, und sie tut alles, um sie zu verjagen und zu vernichten.

Genauso ist es mit den Kommunisten: Sie sind unsere Brüder, und weil sie auf religiösem Gebiet unglücklich sind, stehen sie uns sogar noch näher als die anderen Brüder.

Und genau das ist der Kommunismus mit seinen Ideen, mit seinem ganzen furchteinflößenden Apparat: eine Pest, eine wahre Pest für die Seelen, mit der kein Waffenstillstand möglich ist, gerade weil wir für die Kommunisten das Gute wollen.

Auf seinem bischöflichen Wappen trug Stepinac den Wahlspruch: *In te Domine speravi!* – „Auf dich, Herr, habe ich mein Vertrauen gesetzt!“ Nicht auf sich selber vertraute er, sondern er setzte seine ganze Zuversicht auf Gott, auf seine unfehlbaren Verheißungen, auf die göttliche Bestimmung der Kirche.

Das muß auch unser *Vertrauen* sein. Die Menschen, die Verfolgten und die Verfolger, vergehen. Die Kirche bleibt! Sie wird weiterbestehen und für alle Zeiten siegreich bleiben. So wie geschrieben steht: „Ich habe die Welt besiegt“ (Joh 16,33). Und weiter: „Ich bin bei euch alle Tage bis zum Ende der Welt“ (Mt 28,20). Und deshalb: „Die Mächte der Unterwelt werden sie nicht überwältigen“ (Mt 16,18). Wort des lebendigen Gottes! Und was von Gott kommt, ist unvergänglich!

Mutter Teresa

Daß jeder Mensch zur Heiligkeit berufen ist, Priester und Laien, und daß man vor allem in den kleinen Dingen des Alltags heilig wird, dieses Thema zieht sich wie ein roter Faden durch alle Äußerungen Lucianis. In seiner Predigt zum Abschluß des Studienjahres 1977/78 im Priesterseminar von Venedig weist er diesbezüglich auf das Beispiel von Mutter Teresa hin.

Das eigene Herz in das Boot des göttlichen Willens einzubringen, koste es, was es wolle. Das ist die vorrangige Entscheidung, die man treffen muß. „Stell dir vor", hat der heilige Franz von Sales geschrieben, „eine Statue in einer Nische genau in der Mitte eines Saales könnte antworten, wenn sie gefragt würde: Warum stehst du ausgerechnet da in der Nische? – Weil mein Herr mich dorthin gestellt hat. – Und warum bewegst du dich nicht von der Stelle? – Weil er nicht will, daß ich mich bewege. – Aber wozu ist das gut? Welchen Vorteil hast du davon, so unbeweglich hier herumzustehen? – Ich habe nichts davon: Ich muß nur meinem Herrn dienen. – Aber du siehst ihn doch gar nicht! – Er ist es, der mich sieht und sich an dem Wenigen, das ich tue, erfreut."

Den Ort also lieben, an den uns der Herr gestellt hat! „Wünsche dir nicht, das zu sein, was du nicht bist; wünsche dir statt dessen, das, was du schon bist, zu vervollkommnen!" Und verlange nicht, sofort zu den Giganten zu gehören: „Seid zufrieden, wenn ihr mit kleinen Schritten vorwärts kommt, bis ihr Beine habt zu laufen oder Flügel zu fliegen."

Mutter Teresa von Kalkutta – sie scheint nach 25 Jahren mit den Schritten eines Giganten vorangekommen zu sein: Mittlerweile verfügt sie über zweitausend Schwestern für ihre großartigen Werke der Nächstenliebe. Aber als ihr bei einem Europabesuch eine junge Frau sagte: „Mutter, ich will auch nach Indien kommen zu den Armen!" – da gab sie die gleiche Antwort wie Franz von Sales: „Nein, bleib hier und widme dich den kleinen guten Werken des täglichen Lebens!" Darin stimmt sie auch mit Papst Pius XI. überein, der davon sprach, daß man sich durch die „Mühsal des Alltags" heiligen müsse.

Therese von Lisieux

Im Jahre 1973 gedachte die Kirche des hundertsten Geburtstages der kleinen heiligen Therese. Patriarch Luciani befaßte sich in einem Vortrag an einer großen Mittelschule Venedigs am 10. Oktober 1973 mit der Persönlichkeit dieser liebenswerten Heiligen.

Entschlossen, „eine große Heilige“ zu werden, sieht Therese ihre vielen Unvollkommenheiten, aber dennoch will sie ihr Ziel erreichen, und zwar schnell, nicht nach dem alten System über Stufen, sondern nach dem modernen System mittel Lift. In der Bibel liest sie: „Wer ganz klein ist, der komme zu mir“, und dann weiter: „Wie eine Mutter werde ich euch auf den Knien schaukeln.“ Und sie schließt daraus: Jetzt hab ich's! „Der Lift, der mich in den Himmel bringen wird, sind deine Arme, o Jesus!“

Man darf jedoch nicht glauben, daß sie bei allem Vertrauen auf die Gnade Gottes die Werke vernachlässigt hätte. Hinter ihrem Lächeln verbirgt sich ein eiserner Wille, der sie antreibt, mit bewundernswerter Beharrlichkeit tätig zu sein: Getreulich erfüllt sie alle ihre Pflichten, bis zur Stecknadel, die sie vom Boden aufhebt, oder dem kleinsten Staubkörnchen, das sie entfernt; streng beobachtet sie alle Regeln des Karmel, auch wenn sie noch so unbedeutend sind; ohne mit der Wimper zu zucken, erträgt sie die kleinen Nadelstiche von seiten eifersüchtiger, unaufmerksamer oder nervöser Mitschwestern; im Speisesaal begnügt sie sich mit dem, was die anderen übriggelassen haben. Sie befleißigt sich ganz besonders der Nächstenliebe. „Es ist zu wenig“ – sagt sie –, „den Nächsten zu lieben wie uns selbst; man müßte ihn so lieben, wie Jesus ihn geliebt hat.“ Während des Abendgebets stört eine Mitschwester hinter ihr durch ein ständiges Geräusch, als ob zwei Muscheln gegeneinander gerieben würden. Die Versuchung ist groß, sich zur Schwester umzudrehen und sie zurechtzuweisen. Doch sie hält sich zurück: Besser, die Störung zu ertragen, als der Mitschwester Kummer zu bereiten. Sie versucht, den Lärm zu vergessen, doch es ist unmöglich, sie hört ihn, sie leidet darunter. So versucht sie wenigstens, ihn ohne Gereiztheit, in Ruhe, ja mit Freude zu erdulden. Sie versucht sogar, dieses unangenehme Geräusch zu lieben, sie bemüht sich, es genau zu hören, als ob es ein faszinierendes Konzert wäre, und das ganze Gebet vergeht damit, daß sie dieses kleine Konzert Jesus aufopfert.

Während sie diese und andere Anekdoten ihres Klosterlebens niederschreibt, wird Therese vom Fieber geschüttelt; sie schreibt von ihrem Rollstuhl aus und ist wegen der ständigen Besuche ihrer Mitschwestern oft gezwungen, die Feder beiseite zu legen. Sie versteht es, ihre schweren inneren Qualen zu verbergen, zu lächeln und zu scherzen, um sodann die Mühe des Schreibens von neuem aufzunehmen. Man fragt sich unwillkürlich: Wie hat sie das nur gemacht?

Sie selbst erklärt es uns in ihren letzten schriftlichen Aufzeichnungen vom Krankenlager aus. Archimedes hatte gesagt: „Gebt mir einen festen Punkt, und ich hebe die Welt aus den Angeln!“ Was ihm unmöglich war, ist uns möglich: Wir haben als festen Punkt den allmächtigen Gott, als Hebel das Gebet, das ein Feuer der Liebe entzündet. Wir können die Welt aus den Angeln heben.

Leo Tolstoj

Albino Luciani war ein sehr belesener Mann. Er vertiefte sich aber nicht nur in theologische und religiöse Werke, sondern verschlang auch von frühester Jugend an die großen Werke der Weltliteratur. Bestimmte Passagen daraus haben ihn offenbar so beeindruckt, daß er sie immer wieder für seine Glaubensverkündigung nutzbar macht. In seiner Radiobotschaft zum Osterfest 1971 ist es der russische Schriftsteller Tolstoj, den er zitiert.

Allen Zuhörern des Veneto wünsche ich „Frohe Ostern". Ostern bedeutet: Jesus ist auferstanden. Und der auferstandene Jesus bedeutet Friede und Freude: in unseren Städten, in den Familien, in den Herzen. Einen Großteil dieses Friedens bringt er, indem er einige unserer Probleme von uns nimmt und uns bei anderen hilft, sie zu bewältigen. Ein wenig müssen wir aber auch selber dazu beitragen. „Seine Willensmacht ist unser Friede", sagt Dante.

Und ich sage: Was ist mit dem Kreuz? Es besteht aus zwei Balken, einem horizontalen und einem vertikalen. Fügen wir die beiden Balken zusammen und lassen wir sie dekkungsgleich aufeinander liegen – den göttlichen Willen und den unseren. Dann gibt es kein Kreuz mehr, und alles läuft so geschmiert und glatt wie Öl. Um unseres Friedens willen sorgen wir uns nicht um die Kritik anderer Menschen. Wir sind das, was wir vor Gott sind. Die Reden der anderen können kein schlechtes Gewissen heilen, ihre tadelnden Rügen können einem reinen Gewissen keinen Schaden zufügen. Und zügeln wir unsere Begierden. Wenn ich an den einen oder anderen meiner Mitbürger denke, die sich – meinetwegen auch unverdient und gut vergütet – eines hohen Postens erfreuen, so nagt das in mir, es wühlt mich auf und nimmt mir die Ruhe.

Aber hören wir, was Tolstoj dazu sagt. Ein koreanischer General ist gestorben, so erzählt er, und war für das Paradies bestimmt. Auf dem Weg dorthin bat er, einen Blick in die Hölle werfen zu dürfen. Sein Wunsch wurde genehmigt. Er sah eine riesige Halle mit vielen festlich gedeckten Tischen. Delikat zubereiteter Reis dampfte auf gewaltigen Tabletts und verströmte einen köstlichen Duft. An den Tischen saßen zahllose Personen, alle mit einem Bambusstab in der Hand, um den Reis zu essen. Aber jeder Stab war zwei Meter lang und durfte nur an einem der beiden Enden angefaßt werden. Die Tischgäste plagten sich ab, aber es gelang ihnen nicht, die Speisen zum Mund zu führen. Sie litten fürchterliche Qualen und schrien Zeter und Mordio.

Noch unter dem Eindruck dieses krampfhaften Hungers inmitten des Überflusses gelangte der General in das Paradies. O Schreck! Absolut die gleiche Szene wie gehabt! Nur mit einem Unterschied: Anstatt sich die Speisen selber einzuverleiben, reichte jeder Tischgenosse mit dem langen Stab die Nahrung dem Gast, der ihm gegenübersaß – und so aßen sie alle glücklich und zufrieden.

Die Moral von Tolstojs Geschichte und von dem, der zu euch spricht: Denken wir auch an die anderen! So werden wir auch an uns selber denken und allesamt zufriedener sein. Frohe Ostern!

Théophane Vénard

In seiner Artikelserie in der Zeitschrift des Seminars von Belluno, in der er sich mit „Berufungsgeschichten" befaßte, stellte Luciani seinen Lesern im Mai 1943 einen der sogenannten „Tonkinesischen Märtyrer" vor.

Ein prima Seminar war das von Poitiers, um 1851. Man urteile selbst: Ein noch ganz junger Bischof (und zukünftiger Kardinal), der zu den Klerikern wie ihr älterer Bruder war, sie aber in Wirklichkeit dennoch wie ein weiser Vater führte und leitete mit seinem profunden Wissen, seiner Prinzipientreue und seiner vorbildlichen Heiligkeit; die Leiter des Seminars lauter würdige Personen, die Professoren gelehrte und fromme Männer und die jungen Seminaristen voll gesunder und echter Begeisterung.

Einige von ihnen wurden später Bischöfe; mehrere bereicherten die Diözese durch ihr tugendhaftes Leben oder mit ihren hervorragenden Publikationen; zwei schließlich besiegelten ihre Berufung mit ihrem Blut: Augustine Bourry und Théophane Vénard, Märtyrer Christi, der eine in Tibet, der andere in Tonkin.

Bourry hatten alle ein so glorreiches Ende vorhergesagt: Der mit seinem Buß- und Opfergeist kann doch nur als Märtyrer enden! Vénard aber hatte nie etwas Außergewöhnliches zu erkennen gegeben, das ihn zum Martyrium prädestiniert hätte. Er war ein hervorragender Schüler, konnte singen wie ein Engel, er konnte auch sehr polemisch sein, liebte leidenschaftlich die Musik, die Poesie, die orientalischen Sprachen. Aber wofür taugt dies alles, außer für einen glänzenden Professor?

„Ach du ... wann werden wir denn die Ehre haben, deine ersten theologischen Vorlesungen zu hören?"

Aber Vénard lächelte nur.

„Schau, wir wollen doch nur ein Plätzchen an deiner Schule ... Was? Nicht einmal ein kleines Plätzchen für deine alten Kameraden?"

„Es wird Prügel geben, wenn ihr es wagt, dort zu erscheinen; ich werde euch hinauswerfen!"

„Dann werden wir eben durch das Schlüsselloch zuhören ...!“
Alle lachten, Vénard mehr als die anderen.
Dem Gelächter bestimmter Kleriker sollte man jedoch nicht trauen!
Tatsächlich war ein Lehrstuhl das letzte, an das er dachte. Sein Traum, den er von Kindheit an gehegt hatte, war ein anderer: die Mission, die Heidenbekehrung.
Schon mit neun Jahren, während er auf einer kleinen Anhöhe die einzige Ziege der Familie hütete, die in aller Ruhe die Haselnüsse und Brombeeren fraß, vertiefte er sich in die Lektüre der „Jahrbücher“ der päpstlichen Missionskongregation, die von der Aufgabe sprachen, Seelen zu retten, vom Apostolat und vom Martyrium. Oft kamen ihm während des Lesens die Tränen.
Eines Tages, nachdem er mit lauter Stimme einem Mädchen aus der Nachbarschaft die Geschichte eines Martyriums in Tonkin vorgelesen hatte, wandte er sich unvermittelt an sie und rief aus: „Auch ich will nach Tonkin gehen, und auch ich will ein Märtyrer werden!“
Er begann mit dem Lateinstudium; er kam zuerst ins kleine, dann ins große Seminar. Aber sein großes Ziel, Missionar zu werden, hatte er niemandem anvertraut, außer seinem Beichtvater. Inzwischen erhielt er die Weihe zum Subdiakon, und sein guter Vater verkostete bereits im voraus die Freude, seinen kleinen Buben als Priester zu sehen und die letzten Lebensjahre bei ihm verbringen zu können ...
Théophane wußte um die Erwartungen des Vaters; er litt unsäglich darunter, sie nicht erfüllen zu können. Aber was kann man tun, wenn der Herr einen ruft? Nach langen Gebeten griff er zur Feder und schrieb:
„Seht, Euer Sohn, den Ihr liebt, Euer Théophane wendet sich direkt an Euch; er wollte nicht jemand anderen vorschicken. Er kommt ganz offen, ohne irgendwelche Ausflüchte zu suchen, die Eurer und seiner unwürdig sind ... Oh, sagt doch, sagt, daß Ihr wirklich wollt, daß Euer Théophane Missionar wird!

Lieber Vater! Das Wort ist nun gefallen ... Nehmt das Kruzifix, das im Schlafzimmer hängt, jenes Kreuz, das meine Mutter bei ihren letzten Atemzügen in Händen gehalten hat, dann werft Euch auf die Knie und sagt: Mein Gott, ja, ich will es so! Dein Wille geschehe!
Mein lieber Vater, verzeiht mir, daß ich selbst Euch den Schlag versetzt habe. Es gibt Leute, die zu Euch sagen könnten, daß ich ein gefühlloser, undankbarer, schlechter Sohn bin. Mein Vater, mein allerliebster Vater, nein, Ihr werdet nicht so von mir denken. Ich weiß, daß das Herz meines Vaters großmütig und edel ist ..."
Und er irrte sich nicht. Nicht nur edel war das Herz von Vater Vénard, sondern geradezu von wunderbarer Großmut. Das zeigt ein Passus aus seiner Antwort an den Sohn: „Ja, mein guter Freund, ich bin ganz Deiner Ansicht: Das Opfer ist schwer ... Aber ich will nicht versuchen, mein geliebter Sohn, Dich von den großen Vorhaben, die Du gefaßt hast, abzuhalten oder Dein Herz mit Vorhaltungen zu betrüben ... Wenn Du siehst, daß Gott Dich ruft – und ich zweifle nicht daran –, dann sage ich Dir: Gehorche, ohne zu zögern! Nichts soll Dich zurückhalten, weder der Gedanke daran, einen bekümmerten Vater zurückzulassen, noch daran, daß Du in Zukunft nicht mehr hin und wieder unter dem väterlichen Dach Zuflucht finden kannst. Aus!
Ich weiß, daß derjenige, der die Hand an den Pflug legt, nicht zurückschauen darf; aber ich weiß auch, daß derjenige, der seinen Vater und seine Mutter verläßt, um auf den Spuren Christi zu wandeln, auf einen reichen Lohn hoffen darf. Das sind mächtige Beweggründe.
Ich war nicht imstande, Dir sofort zu antworten, lieber Sohn; ich mußte zuerst der Natur Tribut zollen. Aber heute bin ich schon etwas ruhiger, und ich gebe mir alle Mühe, Deine Wünsche zu erfüllen.
Du fragst mich um mein Einverständnis. Ich gebe es Dir bedingungslos. Meinen Segen? Aber, mein guter Freund, warum sollte ich ihn Dir verweigern? Du weißt, daß ich voll und ganz für meine Kinder da bin, Du kannst Dich

also auf mich verlassen. Alles, was Dir Freude machen kann, ist auch für mich eine Freude, koste es, was es wolle. Meine Opfer für Dich, Théophane, haben schon begonnen, als ich Dich ins Seminar begleitet habe ... sie sind bis heute geblieben. Wann und wie werden sie zu Ende sein?
... Ich überlasse die Zukunft den Händen Gottes ... Laß Dich umarmen von einem Vater, der Dich aufs zärtlichste liebt."
Zehn Jahre später, in Tonkin, beugte Théophane Vénard als knapp über Dreißigjähriger seinen Hals vor dem Scharfrichter und erklärte dabei, daß er sein Leben freudig für die Bekehrung der Tonkinesen hingebe, die er so sehr geliebt habe.
Vier Schwerthiebe trennten sein Haupt von Rumpf, und das Priestertum hatte wieder einen Märtyrer mehr.

Jean-Baptiste Vianney – Pfarrer von Ars

Vom 10. bis 15. Januar 1965 hielt der damalige Bischof von Vittorio Veneto, Albino Luciani, einen Exerzitienkurs für eine Gruppe von Priestern aus verschiedenen Diözesen. Bei seinen Vorträgen ließ er sich vom biblischen Gleichnis vom barmherzigen Samariter inspirieren, den die Liebe zu seinem Tun gedrängt hat, so wie den Pfarrer von Ars.

Der Pfarrer von Ars war nur ein einfacher Priester, aber von ihm können wir einiges lernen. Er war nicht sehr begabt, und als er im Februar 1814 zur Theologieprüfung antrat, ist er auch prompt durchgefallen. Man gab ihm unmißverständlich zu verstehen, daß er für das Priesteramt ungeeignet sei. Da ist eine Welt für ihn zusammengebrochen. Daraufhin begab sich Pfarrer Balley, der ihn durch Privatunterricht auf die Prüfung vorbereitet hatte, selbst ins Seminar und sagte zu den Professoren: Versetzt euch doch einmal in die Lage dieses Mannes, der erst so spät mit dem Studium beginnen konnte. Ihr könnt doch von ihm nicht das gleiche verlangen wie von den anderen, den jungen Studenten. Und so hat er sie überredet, es mit einer zweiten Prüfung nochmals zu versuchen. Diesmal ging es ziemlich glatt. Ein Jahr darauf wurde er schließlich doch zum Priester geweiht. Doch niemand in der ganzen Diözese wollte ihn haben. Nur Pfarrer Balley hat ihn liebend gerne bei sich aufgenommen. Drei Jahre lang war er sein Kaplan. Sie waren beide Heilige, und die Bevölkerung von Ecully war sehr zufrieden mit ihnen. Als Pfarrer Balley schließlich starb, begab sich sofort eine Abordnung des Ortes zum Generalvikar: Lassen Sie Vianney bei uns, wir sind sehr zufrieden mit ihm, er ist ein Priester, der Goldes wert ist. Doch er selbst wußte genau, daß man ihm nie im Leben diese Pfarrei anvertrauen würde. Man hat ihm dann schließlich Ars gegeben: 250 Einwohner, 500 Franc Jahreseinkommen, keinerlei Nebeneinkünfte, eine ungesunde Luft wegen der nahegelegenen Zinngruben und Antiklerikale in rauhen Mengen, die der Religion feindlich gesinnt

waren. Die Kirche klein, eng und dunkel. Den Turm hatten die Revolutionäre niedergerissen, es waren nur noch ein paar Balken mit einer gesprungenen Glocke vorhanden. Wirklich eine Katastrophe! Doch er hat gehorcht. Er hat die Pfarrei wieder in Schwung gebracht und wurde in ganz Frankreich sehr populär.
Die Heiligkeit des Pfarrers von Ars bestand nicht in seinen strengen Fastenübungen, sondern in diesen kleinen Dingen, in der Liebe und dem Gehorsam gegenüber seinen Vorgesetzten, die ihn nicht verstanden, die seine Pläne durchkreuzten, gegenüber seinem Bischof, der nur jetzt gut zu ihm war, da alle ihn einen Heiligen nannten. Dadurch ist er heilig geworden!

Vinzenz von Paul

Christus in den Mittelpunkt seines Lebens stellen – so wie es der heilige Vinzenz von Paul getan hat. Diese Lebenseinstellung wollte Luciani seinen Zuhörern in der Predigt zum Fest der Heiligen Drei Könige im Jahr 1973 ans Herz legen.

Der heilige Vinzenz hat ganz Frankreich durch die Wucht seiner Werke, die er für die Armen, die Waisen und die Galeerensträflinge verwirklichen konnte, in Erstaunen versetzt. Aber nicht seine großen Taten haben ihn zum Heiligen werden lassen, sondern viel eher die große Liebe, die ihn bei seinem Tun leitete und durchhalten ließ.

„Warum müssen wir Geduld haben?" fragt er. Vielleicht, weil sie – unterm Strich – von Nutzen ist? „Nicht nur deswegen", entgegnet Vinzenz, „sondern vor allem aus Liebe zu Christus, der gesagt hat: Lernt von mir, denn ich bin sanftmütig und von Herzen demütig." – „Warum müssen wir um jeden Preis aufrichtig sein?" Vielleicht, weil Ehrlichkeit und Redlichkeit ein schöner Charakterzug sind? „Nein", erwidert er, „weil wir in erster Linie Christus nachfolgen, der gesagt hat: Eure Rede sei ja, ja, nein, nein."

Von hochgestellten Persönlichkeiten wurde er ungerechterweise bei der Königin angeschwärzt. „An Ihrer Stelle würde ich mich verteidigen", sagte die Regentin. „Nein, Majestät, unser Herr hat sich auch nicht gegen die Anschuldigungen der Pharisäer verteidigt." – „Ihr habt nicht sehr viele Mitstreiter", wurde ihm vorgehalten. „Nur Geduld", gab er zur Antwort, „auf diese Weise ähneln wir der kleinen Schar der Apostel Christi."

Man wollte nicht, daß er sich um die bedauernswerten Geisteskranken kümmerte, von denen viele seiner Zeitgenossen aus Unwissenheit und aus Vorurteilen heraus glaubten, sie seien von bösen Dämonen besessen. Doch seine Einstellung dazu: „Unser Herr hat sich auch mit Geisteskranken, mit von Dämonen Besessenen, mit Verrückten und Verführten umgeben wollen: Von überall her brachte man sie zu ihm, damit er sie befreie und heile ...

Warum macht man uns Vorwürfe, wenn wir versuchen, es ihm gleichzutun?“
Der heilige Vinzenz bezeugt uns allen: Christus, immer Christus! Ihm in allem und auf jedem Schritt nachzufolgen, das soll stets die Goldene Regel unseres Lebens sein.

Quellennachweis

S. 7: RV 1972, 806ff.
S. 17: MV 103ff.
S. 20: MV 121ff.
S. 23: Sam 96
S. 24: BVV 1961, 409ff.
S. 31: RV 1977, 356ff.
S. 33: AG 6–10/1941, 3f.
S. 37: RV 1974, 122f.
S. 38: AG 12/1942, 3
S. 41: AP 11. 10. 1943
S. 44: MV 99ff.
S. 46: Sam 159f.
S. 48: RV 1972, 708ff.
S. 50: MA 2/1977
S. 51: RV 1976, 89ff.
S. 52: RV 1975, 403ff.
S. 54: AG 9/1942, 4
S. 58: BVV 1963, 188ff.
BVV 1963 Suppl. 4, 7ff.
BVV 1964, 284ff.
S. 65: AG 4–5/1941, 3
S. 68: IG 6. 10. 1975
RV 1976, 28ff.
S. 70: AG 7/1942, 3f.
S. 74: Op 7, 180ff.
S. 77: RV 1976, 544ff.
S. 79: PLM 1978, 148ff.
S. 85: RV 1971, 518ff.
S. 89: BVV 1963, 340f.
S. 91: IG 8. 8. 1978
RV 1978, 255f.
S. 96: AG 10/1943, 3f.
S. 100: AG 11–12/1941, 3
S. 105: BVV 1960, 83f.
S. 108: RV 1978, 230ff.
S. 109: Test 171f.
S. 111: RV 1971, 236
S. 113: AG 5/1943, 2f.
S. 117: Sam 268f.
S. 119: RV 1973, 40ff.

Abkürzungen im Text

LG	=	„Lumen gentium“, Dogmatische Konstitution des II. Vatikanischen Konzils über die Kirche.
PO	=	„Presbyterorum ordinis“, Dekret des II. Vatikanischen Konzils über Dienst und Leben der Priester.

Abkürzungen im Quellennachweis

AG	=	Amici del Seminario Gregoriano (Belluno).
AP	=	L'Amico del Popolo (Belluno).
BVV	=	Bollettino ecclesiastico della Diocesi di Vittorio Veneto.
IG	=	Il Gazzettino (Mestre).
MA	=	Messaggero di Sant'Antonio (Padova).
MV	=	Albino Luciani: Mein Vermächtnis, Verlag Styria, Graz 1991.
Op	=	Albino Luciani: Opera omnia, Padova 1989.
PLM	=	Portavoce del beato Leopoldo Mandić (Padova).
RV	=	Rivista diocesana del patriarcato di Venezia.
Sam	=	Albino Luciani: Das Beispiel des Samariters. Die Exerzitien Johannes Paul I., Verlag Styria, Graz 1982.
Test	=	Albino Luciani: Testimonianza di Cristo, Padova 1981.

IN DERSELBEN
REIHE
LIEFERBAR

Albino Luciani
VATER UNSER
Gedanken zum Gebet des Herrn
2. Aufl., 125 Seiten, gebunden
ISBN 3-222-12309-8

Albino Luciani
AVE MARIA
Gedanken zur Mutter des Herrn
2. Aufl., 117 Seiten, gebunden
ISBN 3-222-12366-7

Albino Luciani
ICH GLAUBE
Gedanken zum Credo der Kirche
128 Seiten, gebunden
ISBN 3-222-12494-9

VERLAG STYRIA
GRAZ WIEN KÖLN

WEITERE BÜCHER
ZU
ALBINO LUCIANI

Albino Luciani
UNSEREN KINDERN ZULIEBE
Mit einem Vorwort
von Bischof Reinhold Stecher
144 Seiten, kartoniert
ISBN 3-222-12111-7

Regina Kummer
ALBINO LUCIANI –
PAPST JOHANNES PAUL I.
Ein Leben für die Kirche
360 Seiten, 8 Seiten SW-Fotos,
gebunden
ISBN 3-222-12004-8

VERLAG STYRIA
GRAZ WIEN KÖLN